전도부흥운동 사례집 Ⅰ
전도·부흥·운동 누가 할 것인가?

'전도자가 구하는 은혜'

1. 영혼을 구원하는 '전도부흥운동'
2. 믿음의 열정을 깨우는 '전도부흥운동'
3. 한국교회를 회복시키는 '전도부흥운동'

전도부흥운동 사례집 I
전도·부흥·운동 누가 할 것인가?

발행일 | 2023년 10월 20일
발행인 | 배정수 장로
발행처 | 입시진로연구소
등록번호 | 제2017-000027호
기획/글/편집책임 | 배정수 장로(010-5417-7899)
자료제공 | 동반성장 12교회/총회전도보서 제출 9교회/EDI 전도제자훈련원
사　진 | 남선교회연합회
감　수 | EDI전도제자훈련원장 성수권 목사(010-2093-5619)

전도부흥운동 주최 | 영등포노회 국내선교부, 동반성장·평신도위원회
전도부흥운동 주관 | 영등포노회 남선교회연합회
노회 연락전화 | ☎ 02-2633-9873
노회회관 주소 | 우 07226 서울시 영등포구 당산로10길 25(대한예수교장로회 영등포노회 회관)

가격 15,000원
ISBN 979-11-91068-60-3

* 본서의 무단복제를 금하며, 잘못된 책은 구입한 곳에서 교환해 드립니다.

전도부흥운동 사례집 Ⅰ

'2023 전도부흥운동'
영등포노회에 주신 하나님의 은혜

교회의 회복을 위한 전도는 **은혜로 받은 열정에서 시작**
작은교회의 동반성장이 **한국교회의 토양을 개선할 수 있어**

대한예수교장로회 **영등포노회**

격려사

황진웅 장로
영등포노회 65대 노회장

할렐루야!

영등포노회 남선교회연합회가 「전도사례집」을 발간하게 된 것을 진심으로 축하드립니다.

이 사례집이 사람들의 자랑이 아닌 하나님의 영광을 위하고 교회 부흥을 위해 사용되어 지기를 원하며 이 일을 하게 하신 하나님께 감사와 찬양과 영광을 올려드립니다.

요즘은 사람들이 책 읽기를 별로 좋아하지 않는 것 같습니다. 그러나 이 사례집만큼은 많이 읽혀져서 사람들의 머리에 기억되고 가슴에 감동이 있었으면 하는 소망을 가져봅니다.

오늘날 사람들은 말합니다. "전도하기가 참 힘들다." 그런데 이렇게 말씀하시는 분들이 과연 전도활동에 참여하고서 하시는 말씀인지 의문이 들기도 합니다. 왜냐하면 전도가 힘들다고 하는데 그래도 부흥하는 교회가 있고 매주 마다 새 신자를 등록시키는 교인들이 있기 때문입니다.

무엇을 하든지 안 된다 안 된다 하면 정말 안 됩니다. 그러나 하면 된다는 확신을 가지고 그 것을 실천하면 반드시 되는 것을 우리는 체험을 통해 알고 있습니다.

저는 우리 영등포노회 남선교회연합회가 발간하는 「전도사례집」이 교회부흥에 마중물이 되고, 전도에 대한 희망을 심어주는 「지침서」가 되었으면 하는 바람을 가져봅니다.

「전도사례집」을 발간할 계획을 하시고 준비하신 회장 배정수 장로님과 임원님들의 노고를 치하하고 이러한 사례들이 영등포노회에 소속된 교회 뿐만 아니라 전국 69개 노회에 소속된 모든 교회들에게 알려져 전도가 더욱 활성화되기를 소망합니다.

우리 그리스도인에게 전도는 생명 다하는 날까지 짊어지고 가야할 사명입니다. 이 사명을 잘 감당해 가시는 영등포노회 남선교회연합회를 우리 하나님께서 칭찬하시고, 생명의 면류관으로 상 주시기를 기원 드리면서 격려사에 갈음합니다. 감사합니다.

2023년 10월 15일

영등포노회 제65대 노회장 **황진웅** 장로

격려사

손학중 장로
증경 부총회장

지난 2023년 1월 기준 우리 교단 포스트코로나19 연구보고서에 의하면 교회가 마주한 가장 어려운 점으로 첫째, 다음세대에 신앙전수를, 둘째, 주일성수 인식 및 소속감 약화를, 셋째, 전도에 어려움으로 조사, 보고되고 있습니다.

다음세대에 대한 신앙전수의 어려움은 교회의 미래를 세워가는데 두려움으로 다가오고 있고, 주일성수 인식 및 소속감 약화와 전도에 어려움을 겪는다는 것은 코로나 펜데믹을 지나오면서 모든 교회가 기도의 제목으로 삼고 있는 현실적인 문제입니다. 더욱 안타까운 것은 작은교회의 현실일 것입니다. 목회자들이 투잡, 쓰리잡에 뛰어들어 피곤한 육신을 이끌고 목회를 하고 있는데, 전도를 위해 시간을 할애한다는 것은 더욱 쉽지 않을 것입니다.

이러한 교계의 어려운 현실을 이겨내고 교회의 회복을 위해 지난 107회 교단 총회가 전도부흥운동을 부르짖고, 이제 108회 총회에서 전도부흥운동을 위해 더욱 힘써 기도하고 있다고하니 하나님께서 그 기도에 응답해주시리라 믿습니다.

감사할 일은 우리 영등포노회 국내선교부가 주최하고, 남선교회연합회가 주관하여 107회 교단총회의 전도부흥운동에 동참하고, 좋은 평가를 받았다고하니 크게 축하할 일입니다. 더불어 남선교회연합회가 전도운동을 진행하고, 많은 연합사역을 감당하면서도 '전도사례집'을 발간한다는 소식은 전국의 69개 노회와 71개 남선교회연합회에 귀감이 되는 일입니다.

이제 새롭게 출범하는 131회 영등포노회와 57회 남선교회연합회에서도 108회 교단 총회와 전도부흥을 위한 같은 기도제목을 품고 기도로 준비하고, 실천하여 더욱 귀감이 되기를 바랍니다.

작은교회가 힘을 얻고, 나아가 지교회 모두가 전도 소명에 충성되이 응답하여, 다시한번 한국교회가 하나님께 귀한 영광을 올려드릴 수 있기를 바라며, 그 선두에서 영등포노회 국내선교부와 남선교회연합회가 큰 역할을 감당하여 아름다운 결실을 맺을 수 있기를 기도하고, 격려합니다.

2023년 10월 15일

증경 부총회장 **손학중** 장로

발간사

오늘날 교회에서 신앙생활하는 우리의 모습과 크고작은 교세의 기관과 단체에서 하나님을 섬기는 우리의 모습, 그리고 행하고 있는 사역들을 살펴볼 때 예수 그리스도께서 이 땅에 오신 이유와 우리를 택하여 하나님의 백성으로 부르신 이유에 합당한 모습인지 돌아볼 때 인 것 같습니다.

배정수 장로
영등포노회 제56회
남선교회연합회장

예수 그리스도께서 이 땅에 오신 이유도, 이 땅에서 행하신 모든 발자취들도 영혼을 구원하기 위한 과정이었고, 우리에게 남기신 지상명령도 죽어가는 영혼을 구원하는 사역임을 잊지말아야 할 것입니다.

그런 의미에서 영등포노회 제129·130회기, 남선교회연합회 제56회기는 예수 그리스도께서 우리를 살리시기 위해 이 땅에 오시고, 십자가에서 죽으시면서 하나님의 백성된 우리에게 남기신 명령과 말씀에 순종한 뜻깊은 회기로 기억되리라 믿습니다.

개인주의와 개교회주의에 매몰된 우리의 삶과 신앙의 모습은 형제를 돌아보기보다는 내 필요를 채우는 신앙으로, 이웃하는 작은교회를 살피기에 앞서 내 교회의 성장과 형편에 더욱 집중하는 모습으로 변했습니다. 이렇게 '우리'가 아닌 '나'와 '내 교회'만을 위한 가치에 집중하는 안타까운 상황속에서 하나님께서는 전도부흥운동을 허락하시고, 노회와 남선교회연합회를 사용하시어 작은교회를 돌아보게 하시는 은혜를 주셨습니다.

하나님께서는 하나님의 백성들이 깨어나기를 원하시고, 이 땅의 교회들이 '우리' 교회가 되어 작은교회에 성장동력이 되어주고, 교회가 깊은 잠에서 깨어나 일하기를 원하고 계십니다. 이런 필요에 하나님께서는 영등포노회와 남선교회연합회를 부르시어 사용하셨습니다. 나아가 힘찬 동력이 되어 전국의 지노회와 전국의 남선교회 조직이 전도부흥운동에 사용되어지기를 원하고 계십니다.

영등포노회 남선교회연합회 제56회기는 전도운동을 소명으로 받았습니다. 제107회기 교단총회에도 같은 소명을 주셨습니다. 제129·130회기 영등포노회를 통하여 전도부흥운동을 진행케 하셨습니다.

이는 우리의 기도제목이며, 하나님의 응답임을 믿습니다.

이제 다시 그릇을 준비할 때 입니다. 주님이 이 땅에 오신 이유를 생각할 때 입니다.

그 이유를 생각할 때 하나님의 백성된 우리와 우리 교회가 어떤 모습이어야 할지를 돌아보고, 이제는 바뀌어야할 때 입니다. '나'와 '우리'는 한 생명을 구원하는 소명에 촛점을 맞추고, '교회'는 태신자를 품을 수 있는 그릇을 준비해야 합니다.

하나님 세우신 교회들이 이 땅에 사는 영혼들의 갈급함을 채워 줄 수 있는 교회가 되기를 원하고, 그 소명을 위해 영등포노회의 전도부흥운동이 귀하게 사용되어지기를 원합니다. 또한 이를 위해 부름받은 남선교회 모든 회원들의 기도제목이 한 영혼을 살리는데 있기를 기도합니다. 더불어 여전도회연합회가 연합하고, 하나님의 말씀에 순종하기를 원하는 성도들이 "내가 전도자"임을 깨달아 주님께서 맡겨주신 소명에 응답할 수 있기를 원합니다.

'전도사례집'으로는 참으로 부족한 칠삭둥이 같은 모습이지만 보여지는 모습 그대로 하나님 사역에 사용되어지기를 간절히 기도합니다. 부디 우리의 갈급함이 한 생명을 구원하는데 있기를 소망합니다. 할렐루야~!

2023년 10월 15일

영등포노회 제56회 남선교회연합회장 **배정수** 장로

Chapter 01 / '2023 전도부흥운동'의 감동과 은혜

1. '2023 전도부흥운동'의 시작 ··· 2
2. 전도부흥운동을 부르짖는 남선교회연합회 ··· 4
3. 비대면시대에 적합한 전도방법을 찾다. ··· 14
4. 교단총회의 2023전도부흥운동 발대식과 컨퍼런스에 참여하다. ············ 18
5. 노회 3개 유관부서에서 주최하고, 남선연에서 주관하기로 결의하다. ····· 21
6. 12개 동반성장교회를 위하여 기도하다. ··· 23
7. 하나님은 감동과 은혜를 더하여 주셨습니다. ······································ 29
8. 전도부흥운동 현장에 2주연속 비가 내리다. ······································· 31
9. 2023전도부흥운동 상반기 일정을 마치다. ··· 38
10. 남선교회 순회헌신예배에서 상반기 전도부흥운동 성과를 보고하다. ···· 39
11. 제107회기 교단총회 '2023 전도부흥운동평가'에서 우수상을 수상하다 ··· 40

Chapter 02 / '2023 전도부흥운동' 기타 자료

1. 기독언론 보도자료 ·· 44
2. EDI 전도제자훈련원 인터뷰 영상 ·· 48
3. 전도부흥운동 유튜브 홍보영상 ·· 49
4. 전도부흥운동 참석자 확인자료 ·· 50
5. 전도사역 일자별 경과보고 ··· 55
6. 상반기 전도부흥운동 일정표 ·· 58
7. 교단총회에 제출한 '2023 전도부흥운동' 시상 신청서 ························· 59
8. 하반기 전도부흥운동을 위한 설문자료 ··· 62
9. 하반기 전도부흥운동 일정표 ·· 63

목 차 CONTENTS

Chapter 03 / 12개 동반성장교회와 함께한 '2023 전도부흥운동'

1. 두드림교회 ·· 66
2. 새언약교회 ·· 71
3. 향기내리교회 ·· 76
4. 예향교회 ·· 84
5. 선민교회 ·· 90
6. 푸른동산교회 ·· 94
7. 예샘교회 ·· 99
8. 명성교회 ·· 103
9. 주영빛교회 ·· 107
10. 서울새순교회 ·· 111
11. 진명교회 ·· 116
12. 서울중국인교회 ·· 123

Chapter 04 / 다시 시작하는 '지교회의 전도부흥운동'

1. 신도교회 ·· 134
2. 영은교회 ·· 136
3. 영도교회 ·· 137
4. 한영교회 ·· 141
5. 양평동교회 ·· 142
6. 경일교회 ·· 146
7. 치유하는교회 ·· 147
8. 영등포교회 ·· 151
9. 도림교회 ·· 152

목 차 CONTENTS

Chapter 05 '평신도 전도부흥운동 사관학교'

1. 사관학교 운영계획 ··· 169
2. 사관학교 운영의 실제 ·· 171
3. 참여신청서 및 후원약정서 ·· 175

Chapter 06 '전도부흥운동'을 위한 전도자료

1. EDI 전도플랫폼 ·· 184

Chapter

1

'2023 전도부흥운동'의 감동과 은혜

> "
> "2023 전도부흥운동"을 통하여 영등포노회에 주신 하나님의 은혜
>
> 교회의 회복을 위한 선교·전도는 우리에게 주신 열정에서 비롯
>
> 작은교회의 동반성장이 한국교회의 토양을 개선할 수 있어
> "

1. '2023 전도부흥운동'의 시작

지금은 교단의 경계를 넘어 모든 교계와 교회가 교회의 회복을 부르짖고, 다시 전도를 통한 교회 부흥의 역사를 준비하고 있습니다. 우리 대한예수교장로회 교단(통합) 총회에서도 "2023 전도부흥운동"을 시작하면서 총회 내에 전도부흥위원회를 신설하고, 지난 2023년 2월 10일 "전도부흥운동 발대식"과 "전도부흥운동 컨퍼런스"를 종로5가 한국교회 100주년기념관에서 약350명의 교계 관계자들이 참석한 가운데 진행했습니다.

평양대부흥운동의 시발점이 되었던 1903년 원산부흥운동이 시작된지 올해로 120년이 되었습니다.

지난 3년 코로나로 위축된 교회의 상황과 이미 그 이전부터 사회로 부터 격리되고 있는 한국교회의 현실은 전도의 동력이 상실되었고, 교회 구성원의 세대구조는 완전한 역삼각형의 구도를 보여 당장 우리세대에 나타날 교회의 미래가 안타까운 모습입니다. 교회 안에 다음세대의 부흥을 통한 한국교회의 지속적인 유지 또는 성장이 관건이고, 행복한 신앙생활이 되어야 할 시니어 세대들은 교회의 현실이 부담스럽기까지 합니다.

더불어 개신교의 장점이자 단점이기도한 개교회주의는 "우리"라는 공동체 개념에서 멀어지고, "함께"라는 배려의 덕목을 지워버리게 되어 중대형 교회로의 쏠림 현상을 만들었고, 교회가 건강해질 수 있는 구조를 스스로 무너뜨리고 있습니다.

교회는 이미 저성장이 아닌 마이너스성장의 틀속에 갇혔고, 코로나기간 3년은 자의든 타의든 교회를 떠나 교회를 되돌아보는 계기가 되었으며, 더욱 애타게 교회의 회복을 부르짖는 계기가 되었습니다. 교회의 회복이 코로나 이전의 성도의 숫자를 뜻할 수도 있고, 교회가 다시 과거의 영광으로의 재현을 뜻할 수도 있습니다.

교단총회에서는 "2023 전도부흥운동"이 노회 및 지교회를 통해 영혼을 구원하는 부흥운동이 되기를 바라고 있습니다. 다시 하나님의 은총이 한국교회를 회복시키고, 성도들의 믿음의 열정을 깨워 전도의 역량을 키울 수 있기를 바라고 있습니다.

Chapter 1. '2023 전도부흥운동'의 감동과 은혜

2023년을 시작하면서 다시 교회가 움직이고 있습니다. 그 가운데 열정을 깨워 다시한번을 외칠 수 있는 자립교회가 있고, 다시한번을 외쳐 볼 수도 없는 작은교회도 있습니다. 이미 코로나 3년의 기간동안 전국적으로 1만개 이상의 교회가 교회의 문을 닫았다고 합니다.

영등포노회에 속한 동반성장교회 34곳 중 22곳이 전도부흥운동의 손길을 내밀어도 그 손을 쉽게 잡지 못하는 현실입니다.

전도의 열정을 깨우고 싶어도, 전도의 불씨를 살리고 싶어도 힘에 겨울 수 밖에 없는 교회들이 있습니다.

이러한 상황에서 다음과 같은 질문을 던져 봅니다.

"2023 전도부흥운동을 통해서 우리가 생각해 보아야 할 것은 함께 회복되는 교회, 함께 성장하는 교회를 위해 총회가 어떻게 해야 할 것인가? 지노회가 어떻게 해야 할 것인가? 지교회에서는 어떻게 할 것인가? 꺼지지 않는 불씨가 되어 전도의 동력이 되어주고, 교회 회복의 동력이 되어줄 수는 있는가? 교회 성장의 동력이 되어줄 수 있는가? 그 역할은 누가 해야 하는가?"

지난 2022년 11월 6일 진행된 제56회기 영등포노회 남선교회연합회 총회 이후 "남선교회연합회가 전도부흥운동의 주역이 됩시다"라는 구호를 앞세우고, **어떤 역할을 해야할지? 어느 교회를 섬겨야 할지? 어떤 방법으로 할 것인가?**를 두고 약 6개월간의 준비와 진행과정을 거치면서, 전도부흥운동에 가장 적합한 프로그램을 도입하고, 한푼의 예산도 없는 사업을 진행하면서 마음은 더욱 뜨거워졌고, 더 큰 비젼을 바라보면서 전도부흥운동을 진행하게 되었습니다.

지금까지의 과정을 돌아보고, 하나님께서 역사하시는 현장속에서 경험하는 세밀한 손길과 인도하심을 누군가에게 알리고, 그 열매를 모든 남선교회 회원들과 함께 공유하고 싶습니다.

또한 전국의 모든 남선교회 조직과 회원들이 앞으로 더욱 새로워질 것을 기대하며, 구호가 아닌 현장에서의 섬김으로 열매를 맺어가는, 가장 겸손히 헌신하여 교회와 교계의 건강한 토양이 되기를 바라고 있습니다.

이 전도부흥운동 사례집에서 제56회기 영등포노회 남선교회연합회가 주관하고 있는 전도부흥운동이 어떤 과정을 거쳐, 어떤 모습으로 섬기며, 감동을 함께하고 있는지, 하나님께서는 우리의 작은 몸짓을 통해 어떤 열매를 맺어주시는지 살펴보고자 합니다.

계속되는 전도부흥운동을 통하여 작은교회와 연합 하여 함께 성장하는 교회, 건강하게 회복되는 교회로 인하여 한국교회가 다시 부흥의 길로 인도됨을 목도하고 싶습니다. 그 과정을 하나님의 백성들과 함께하고 싶습니다.

2. 전도부흥운동을 부르짖는 남선교회연합회

"남선교회연합회가 전도운동의 불씨가 됩시다." 라고,
기회가 있을 때 마다 전도부흥운동을 부르짖고 있습니다.

지난 2022년 11월 19일 **강원동노회 정기총회**와 **경기노회 정기총회**에서, 11월 18일 **안양노회 정기총회**에서 축사를 하는 기회가 주어졌습니다. **안양노회와 경기노회는 형제노회**이고, **강원동노회는 전국 남선교회연합회 1호 도농자매결연 노회**입니다.

위 지 연합회 총회 시 축사내용의 일부입니다.

~중략~

"이 땅 곳곳에 하나님의 말씀이 선포 되어지고, 그렇게 이어져 온 신앙의 유산이 우리를 늘 일으켜 세워 주었습니다. 한국교회가 년수를 더해가면서 하나님의 사명을 충성되이 행하고 있음에도 근래에 들어 우리는 믿음의 유산 안에 갇혀 안주하고 있고, 우리의 믿음이 연약해져 가고 있음 또한 사실입니다.

지 교회마다, 아니 한국교회 전반에 걸쳐 남선교회와 여전도회가 힘을 잃어가고 있습니다. 교회의 주춧돌과도 같이 힘있게 떠받치고, 나아가야 할 남선교회가 그 역할을 다하지 못하고 있습니다.

우리 모두는 교회의 동력을 살리고, 그 기능을 충실하게 회복하는데 주력해야 할 것입니다. 하나님께서는 새로운 회기에도 선교의 열정과 역할을 기대하고 있습니다. 강원동노회 남선교회연합회와 영등포노회 남선교회연합회가 같은 목적 아래, 같은 목표를 향해 나아갈 때 지 교회가 든든히 서고, 한국교회의 남선교회가 새롭게 회복되는 역사가 있으리라 확신합니다."

다음은 2023년 4월 13일에 진행된 영등포노회 여전도회연합회 총회의 축사내용의 일부입니다.

"지금 대부분의 교회마다 남선교회 조직들이 축소되거나 통합되고 있는 것을 보게 됩니다. 남선교회 전국연합회나, 지노회 남선교회연합회 등 상위 기관의 남선교회 조직이 잘 운영되고, 사업을 잘 하고 있어서 남선교회가 든든히 서 있는 것처럼 보이지만, 사실 지교회 남선교회가 와해되는 현실속에서 임원들의 헌신으로 힘겹게 유지되고 있다고 봅니다"

~중략~

"지난 연말에 노회 평신도위원회 주최로 여전도회연합회 임원들과 저희 남선교회연합회 임원들이 간담회를 갖고, 얘기를 나누었던 노회 내 자립대상교회를 섬기는 전도부흥운동이 하나님의 은혜로 잘 준비되어지고, 하나씩 진행되고 있습니다. 여전도회연합회가 많은 사업들로 분주하고, 힘든 것이 현실이지만, 여전도회연합회와 남선교회연합회가 같은 기도제목으로 부르짖을 때 하나님께서 큰 은혜를 주실 것을 믿습니다"

제40회기 남선교회 서울강남협의회 임역원세미나에서 전도부흥운동 홍보물을 배포하고, 전도운동을 외쳤습니다.

3월 23일 **13개노회 협의체인 강남협의회 간담회의**에서 특별히 시간을 허락받아 영등포노회 남선교회연합회에서 준비, 진행하고 있는 전도부흥운동에 대하여 홍보물을 제공하고, 설명하는 시간을 가졌습니다. 남선교회연합회의 본질적인 사역이 무엇인가에 대한 숙제를 함께 풀어보고, 고민할 수 있는 귀한 시간이었습니다.

지난 해 11월 30일, 노회 평신도위원회를 통하여 여전도회연합회와 남선교회연합회가 함께하는 간담회를 진행하게 되었습니다. 다음은 간담회에서 제안한 전도부흥운동 사업에 대한 내용과 회의록을 싣습니다(아래 간담회에서 논의된 '주말전도대회와 연합예배' 사역은 107회 총회 전도부흥운동에 대한 계획을 접하지 못하고 자체 기획한 사업 계획이었습니다).

Chapter 1. '2023 전도부흥운동'의 감동과 은혜

자립대상교회와 함께하는 주말 전도대회와 연합예배 사역에 대한 개요는

▶ 영등포노회 남선교회연합회와 여전도회연합회의 년간 사업계획을 살펴보면 후원, 지원, 행사, 협찬, 상회비 납부 등이 주요내용을 이루고 있고, 선교와 전도에 대한 비중은 크지 않습니다.

이번 남선교회연합회 56회기를 시작하면서 연합회 사역의 주안점을 선교와 전도를 통한 교회성장 동력을 회복하는데 두고 기도하던 중 노회 내 50인 미만의 미자립교회를 위한 사업의 필요성을 느끼게 되었습니다. 연합회를 섬기는 임원들이 현장에서 모든 필요를 채울 수는 없겠지만 전도의 불씨가 되어주고, 교회성장을 위해 함께 기도할 수 있다면 그 역할은 충분하다고 할 수 있겠다는 판단에서 이 사역을 시작해보고자 합니다.

이 사역을 여전도회연합회와 함께할 것을 제안하는 것은 지금까지 연합하여 사역하는 사례가 없어서 남·녀선교회의 교류가 미미한 상황이고, 함께 기도하는 사역에 하나님의 역사가 클 것을 기대하고 있기 때문입니다. 더불어 이 사역은 자립대상교회를 위한 사역으로 시작되지만 나아가 남선교회와 여전도회연합회 임원들의 교회에까지 전도와 선교의 회복에 힘이 될 수 있다고 봅니다.

지금 대부분의 교회는 남선교회와 여전도회의 침체로 교회에서 헌신은 점점 사라지고, 더하여 정적이고, 모이기 어렵고, 통폐합되기까지 하고 있는게 현실입니다. 이번 기회에 헌신의 은혜가 얼마나 달콤한 은혜인지를 체험하고, 한국교회의 회복이 영등포노회 남선교회연합회와 여전도회연합회를 통하여 시작되는 역사를 위해 함께 기도하기를 원합니다. 이 사역을 위해 많은 분들이 동참하고, 함께 기도하며, 함께 하나님의 은혜를 체험하실 수 있기를 원하고, 참여하는 모두의 지 교회에도 같은 은혜가 넘치시기를 간절히 소망합니다.

자립대상교회와 함께하는 주말 전도대회와 연합예배 사역에 대한 내용은

▶ 노회 내 4개 시찰에서 50인 미만의 교회를 8곳씩 선택하고, 2월부터 5월까지, 7월부터 10월 까지 8개월 동안 월 1회, 1곳씩을 통해 전도대회와 연합예배를 드리게 됩니다. 이 기간동안 총 32개 교회를 섬기게 되는데, 남선교회연합회의 예를 들면 16명의 임원을 4개조로 나누어 진행하고자 합니다. 위 4개

시찰 외에 영서시찰은 미자립교회가 적어서 우선 제외 하였습니다.
- ▶남선교회의 사업 중 장로회와 연합하여 드리는 순회헌신예배는 종전과 같이 드리게 되고, 단독으로 드리는 순회헌신예배는 미자립교회와 함께하는 연합예배에 통합하여 드려지며, 동반성장위원회 지원사업과 장학금 지급사업, 현장의 사랑의 이웃돕기 사업까지 본 사업에 통합, 시행하고자 합니다.
- ▶본 사업은 미자립교회에 경제적인 부담을 주지않고 연합회에서 사업비를 마련하고, 행사 후 잉여 선교용품 등은 해당 교회에 기증하게 됩니다. 남·녀선교회 사업예산 중 사용할 수 있는 예산과 평신도지도위원회를 통하여 노회에 사업의 필요성과 비용 등을 설명하고 지원을 요청하는 것도 필요합니다. 그리고 일반 회원들의 참여와 지교회의 협찬을 통해서도 예산을 확보하고자 합니다. 매 행사일마다 필요한 식사비 등은 임원들의 찬조제공으로 해결되기를 기대합니다.
- ▶여전도회 연합회와 본 사업이 연합으로 진행되는 것이 결의 될 경우 전체 예산을 각각 50%씩 부담하여 진행 할 수 있고, 단독으로 진행이 될 경우 예산상의 이유로 전도용품 및 기타 준비물의 수량이 줄어들 수 있습니다.
- ▶본 사역의 참여대상은 남선교회연합회와 여전도회연합회 임원, 노회 내 지교회 회원, 미자립교회 성도들이 될 것입니다. 또한 이 사역에 각 기관에서 뜻이 있는 분의 참석과 기도를 요청합니다

다음은 자립대상교회와 함께하는 주말 전도대회와 연합예배 사역에 대한 간담회 회의록을 첨부합니다.

- ▶배정수장로(남선교회연합회장) : "남선교회연합회의 신규 사업이 지교회 전도와 교회부흥, 남선교회 부흥의 불씨 역할을 할 수 있기를 바라는 마음으로 사업을 제안하였음"
- ▶김영삼장로(남선교회연합회 부서기) : "남선교회 연합회의 본질에 부합된 사업이라 생각하고 기드온협회에서도 적극 협력할 방안을 강구하고자 하니 여전도회 연합회에서도 긍정적으로 연대, 협력해 주시기를 바람"

- ▶ 서창열장로(남선교회연합회 부회장) : "연합회라는 본질과 성격을 새겨볼 필요가 있음. 본질적으로 선교는 지교회에서, 연합회에서는 다른 방식으로 선교를 도와야 한다고 생각함"

- ▶ 배정수장로(남선교회연합회장) : "연합사업의 본질에 대하여는 관점에 따라 다를 수 있으니 작은 규모로라도 시행해 보고 평가하는 것이 필요함. 효과가 있다면 계속 사업으로 연결될 수 있을 것임"

- ▶ 이영녀권사(여전도회연합회부회장) : "사업의 취지에 공감하고 열정에 깊은 존경을 표함. 그러나 여전도회 연합회의 실질적인 협력은 부담으로 다가오는 사업임. 새로운 사업의 추가는 인적, 물적 자원의 한계로 인하여 어려움"

- ▶ 임영옥권사(여전도회연합회장) : "여전도회에서도 돕고 싶은 마음이 있으나 현재로서는 어렵다는 뜻으로 받아들여 주시길 바람"

- ▶ 박영규장로(남선교회연합회부회장) : "남선교회연합회와 여전도회 연합회가 처음 만난 이 자리가 의미 있다고 생각하고 앞으로 지속적으로 협력할 수 있는 방안을 강구하면 좋겠음"

- ▶ 서현철목사(평신도위원회 위원장) : "평신도위원회를 통해서 남선교회연합회와 여전도회연합회의 사업을 제안할 수 있고, 앞으로도 평신도위원회가 가교의 역할을 할 예정이니 평신도위원회를 잘 활용해 주시기를 바람"

기회가 있을 때 마다 전도부흥운동을 제안하고, 준비했습니다.

- ■ 2022년 12월 남선교회 전국연합회 수석부회장에게 전도부흥운동 사업을 신규사업으로 검토해 줄 것을 제안하는 계획서 파일을 발송하다.

- 2023년 1월 6일 영등포노회 임원간담회에서 전도부흥운동에 대하여 설명하다.
- 1월 17일 남선교회연합회 제56회기 1차 실행위원회에 보고하고, 허락을 받다.
- 1월 26일 영등포노회에서 전도부흥운동을 주최해 줄 것을 전도운동계획 자료를 제출, 요청하다.
- 2월 2일 전도부흥운동을 위하여 EDI전도제자훈련원과 업무협약식을 체결하다.
- 2월 2일 총회 전도컨퍼런스 장소에 부스 배정을 요청하는 참가신청서를 제출하다. 전도컨퍼런스에서 배포할 전도부흥운동 홍보물을 제작, 의뢰하다.
- 2월 10일 총회전도부흥운동 발대식 및 전도컨퍼런스에 EDI전도제자훈련원과 같은 부스를 배정받아 남선교회연합회를 통한 전도운동을 알리다.
- 평대원21기 총회에서 전도부흥운동을 소개하고, 동참할 것을 제안하다.
- 2월 20일 현대비젼교회(서현철 목사님 시무)에 EDI전도플랫폼 및 전도카드를 구축, 제작하다.
- 2월 25일 경일교회(김용희 목사님 시무)에 전도를 위한 EDI전도플랫폼 및 전도카드 활용을 제안하고, 3월 8일 신청하다.
- 3월 24일 영등포노회 내 국내선교부.동반성장위원회.평신도위원회 임원들과 남선교회연합회 임원들이 회의를 갖고, 노회 3개 유관부서가 전도부흥운동의 주최부서가 되고 남선교회연합회가 주관하는 사역으로 결의하다.
- 4월 7일 영등포노회 임원회의에서 위 3개 유관부서의 전도부흥운동 주최 안과 가용예산의 전용 허락과 전도부흥운동이 계속사업으로 진행될 경우 필요한 사업예산을 내년부터 노회예산에 반영하는 안에 의견을 모으다.
- 남선교회연합회 전회장들에게 전도부흥운동의 진행과정을 설명하고, 적극적인 참여를 요청하다.
- 4월 13일 큰은혜교회(김태훈 목사님 시무)에 EDI전도플랫폼 및 전도카드를 구축, 제작하다.
- 4월 13일 새영교회(곽근열 목사님 시무)에 EDI전도플랫폼 및 전도카드를 구축, 제작하다.
- 4월 23일 한영교회에서 전도부흥운동을 시작하다.

Chapter 1. '2023 전도부흥운동'의 감동과 은혜

130회 영등포노회가 진행되는 장소에서 2023 전도부흥운동을 부르짖었습니다.

4월 25일 제130회 영등포노회 장소에서 전도부흥운동 자료와 "영등포노회 평신도 선교부흥운동 캠프 입학신청서"를 배포하였습니다. 부슬부슬 비가 오는 가운데 임원들은 노회에 참석하는 총대 목사와 장로들에게 전도부흥운동 홍보물과 캠프 입학신청서를 동봉하여 나누어 주었습니다. 캠프 입학생은 매년 1년의 기한을 정하고 지정된 작은교회를 섬기게 됩니다.

영등포노회 남선교회연합회는 전도부흥운동을 진행하면서 무에서 유를 창조해 주시는 하나님의 은혜를 직접 체험하고 있습니다. 전도부흥운동을 기회가 되는 모든 곳에서 전하고, 비대면 시대에 가장 적합한 전도 프로그램을 개척하고, 동역할 부서와 동역자를 동참시키며, 좀 더 효율적이고 빈틈없는 전도부흥운동, 좀 더 지속가능한 전도부흥운동, 가장 작은교회에 필요한 전도부흥운동을 위하여 쉼 없이 기도하고 있습니다.

Chapter 1. '2023 전도부흥운동'의 감동과 은혜

노회 소속 121개 교회에 전도부흥운동에 협력, 동참해 줄 것을 공문으로 발송하였습니다.

2023년 3월 8일 노회에 속한 121개 교회에 협찬에 대한 안내, 전도홍보물과 전도플랫폼, 전도카드를 이용한 전도부흥운동에 대한 안내공문을 3분류하여 발송했습니다. ①자립교회를 대상으로는 기존에 교회에서 실시하고 있는 전도행사에 대한 자료요청과 전도플랫폼 및 전도카드 사용교육에 대한 안내공문을, ②자립대상교회는 아니면서 어려운 교회를 대상으로는 전도플랫폼과 전도카드 사용교육에 대한 안내공문을, ③자립대상교회에는 전도플랫폼 신청과 전도카드 사용교육 및 전도부흥운동과 연합예배의 신청을 안내하는 공문을 각각 발송하였습니다.

영등포노회 남선교회연합회에서는 2023 전도부흥운동을 자립교회에는 전도플랫폼과 전도카드를 사용하여 자체적으로 전도운동에 활용하도록 안내, 교육하고, 자립대상교회를 우선하여 직접 교회의 예배에 참여하고 함께 전도운동을 진행한다는 계획을 세웠습니다.

공문발송 후 동반성장위원회 소속 34개 교회 목사님과 통화 하였습니다.

공문을 발송하고 34개 자립대상교회 목사님과 통화를 했습니다. 전도부흥운동에 대하여 안내를 하고, 참여 의사를 물었습니다. 그 중 12개 교회의 목사님들이 전도운동과 전도플랫폼 구축 및 전도카드 활용교육에 참여할 의사를 표시했습니다. 코로나 3년을 지나오면서 전국에 작은교회 1만개 이상이 교회의 문을 닫았다고 합니다. 우리 노회 내의 동반성장교회의 상황도 별반 다르지 않은 것 같습니다. 3개 교회는 통화가 안되었고, 19개 교회가 내민 손을 잡을 수 없다고 했습니다. 전도부흥운동에 필요한 모든 용품과 비용, 식대까지 우리가 감당하겠다고, 함께 예배하고 함께 전도하겠다고 하는데 그것마저 손을 잡을 수 없는 상황인 것 같습니다. 답답함이 밀려왔습니다. 최종 12개 교회를 전도부흥운동의 대상으로 정했고, 준비를 했습니다.

3. 비대면시대에 적합한 전도방법을 찾다.

2022년 11월 영등포노회 남선교회연합회 신규사업으로 전도부흥운동을 위해 기도할 때 인터넷 검색 중 EDI 전도플랫폼이 검색 되었습니다. 좀 더 살펴본 후에 NLTC가 확대 개편된 프로그램이란 것을 알았습니다. NLTC는 제가 시무하는 한영교회에서 NLTC 전도양육프로그램을 개설하였었던 터라 더욱 반갑기도 했습니다. EDI홈페이지에는 한영교회가 이사 교회로 등록이 되어있으니 하나님께서 저를 그곳으로 인도하신 것 같았습니다.

EDI 전도플랫폼을 살펴 볼 때는 예장성결 교단에서 MOU를 체결하여 전도운동에 적용하기 시작했는데, 우리 통합교단에서 전도운동에 활용한다는 소식은 없었습니다.

코로나로 이미 전도는 멈췄고, 만날 수도, 전도지 한 장을 건네기 힘든 기간인 2020년 후반기부터 EDI 전도제자훈련원에서는 전도플랫폼을 기획, 제작하여 임상사역을 거쳐

Chapter 1. '2023 전도부흥운동'의 감동과 은혜

검증하기에 이르렀습니다. 그 결과 2021년 초 전도플랫폼 "에디마켓"을 런칭하여 10여 개 교회에서 사용하였습니다. 이후 태신자 관리를 좀 더 편리하게 할 수 있도록 BNB(백종범 대표)와 MOU를 체결하여 2022년 초 1차 업데이트를 하고, 전도플랫폼 'KNOCK'를 새롭게 런칭했으며, 2022년 11월 2차 업데이트를 하면서 전도플랫폼 '에디'를 런칭할 계획으로 있었습니다.

딱 그 시점에, 2022년 11월 전도플랫폼과 전도카드를 전도부흥운동에 적용하도록 하나님의 인도하심이 있었습니다. 2022년 11월 30일 노회 평신도위원회에 요청하여 여전도회연합회 임원들과 남선교회연합회 임원들이 간담회를 할 때 처음으로 '에디'를 활용한 전도운동에 대하여 전하기 시작했습니다.

상위 기관에서 전도운동을 이끌어 주기를 원했습니다.

우리 연합회에서 전도부흥운동에 EDI전도플랫폼을 런칭하면서 한가지 아쉬운 점이 있었습니다. 다른 교단에서는 프로그램을 분석하여 EDI 전도훈련원과 교단 총회에서 MOU를 체결하고, 활용하는 언론기사를 접하면서 우리 교단총회는 왜 아직 소식을 모를까? 하는 생각이 들었습니다. 그러나 저는 총회에까지 손이 닿지를 않아서 우선 가장 밀접한 새롭게 출발할 남선교회 전국연합회 담당자에게 새로운 회기 신규사업으로 검토해 볼 것을 제안 하였습니다. 그것이 2022년 12월 무렵입니다. 아쉬움 속에 한달여의 시간이 흐르면서 영등포노회에 전도운동에 대하여 제안을 하고, 1월 26일 관련한 자료를 첨부하여 전도부흥운동을 주최, MOU를 노회에서 체결해 줄 것을 요청 하였습니다.

지노회 남선교회연합회에서 전도협력 MOU를 체결하였습니다.

2022년 2월 2일 비대면시대에 가장 효율적이고, 모든 세대에 걸쳐 전도의 붐을 일으킬 수 있는 전도부흥운동을 위한 프로그램, EDI전도플랫폼과 전도카드, 전도와 관련한 업무지원을 위한 업무협약식을 EDI 전도제자훈련원과 영등포노회 남선교회연합회가 체결하게 되었습니다.

남선교회연합회 사역의 주안점을 "선교와 전도를 통한 교회성장 동력을 회복"하는데 두고, "50인 미만의 자립대상 교회와 개(個) 교회를 대상"으로 "주말 전도대회와 연합 예배"를 계획한 남선교회연합회에는 "EDI 전도제자훈련원"(이하, EDI)과의 업무협약은 하나님의 은혜요, 예비하신 복이었습니다.

협약식에는 영남연 배정수 회장과 EDI 전도제자훈련원 성수권 원장, 영등포노회 국내선교부 김추향 목사, 동반성장 위원회, 평신도위원회 위원장 서현철 목사 등 노회산하 단체 관계자, 영남연 전회장 및 임원 총 22명이 참석한 가운데,

▶코로나펜데믹 기간을 거치면서 더욱 위축되고 어려워진 교회의 전도 상황, 특별히 자립 대상교회의 어려움에 인식을 같이하고,
▶에디전도플랫폼을 자립대상교회와 개(個) 교회에 구축하고, 사용법 등을 교육하고,
▶필요에 따라 에디전도훈련원 프로그램에 참여하여 체계적인 전도훈련을 받고, 이를

통하여 전도의 열정을 회복할 수 있도록 지원하고, ▶영남연에서 시작하는 "전도대회 및 연합예배" 사업에 전도플랫폼, 전도카드가 효율적으로 접목되어 성과를 거둘 수 있도록 협력하며,

▶영남연에서는 전도플랫폼과 전도카드를 무상지원 받고, 남선교회 회원과 개(個) 교회는 자원하여 EDI를 후원 하므로서 EDI의 프로그램을 개발, 전파하여 전도사업을 이어가는데 적극 협력하기로 했습니다.

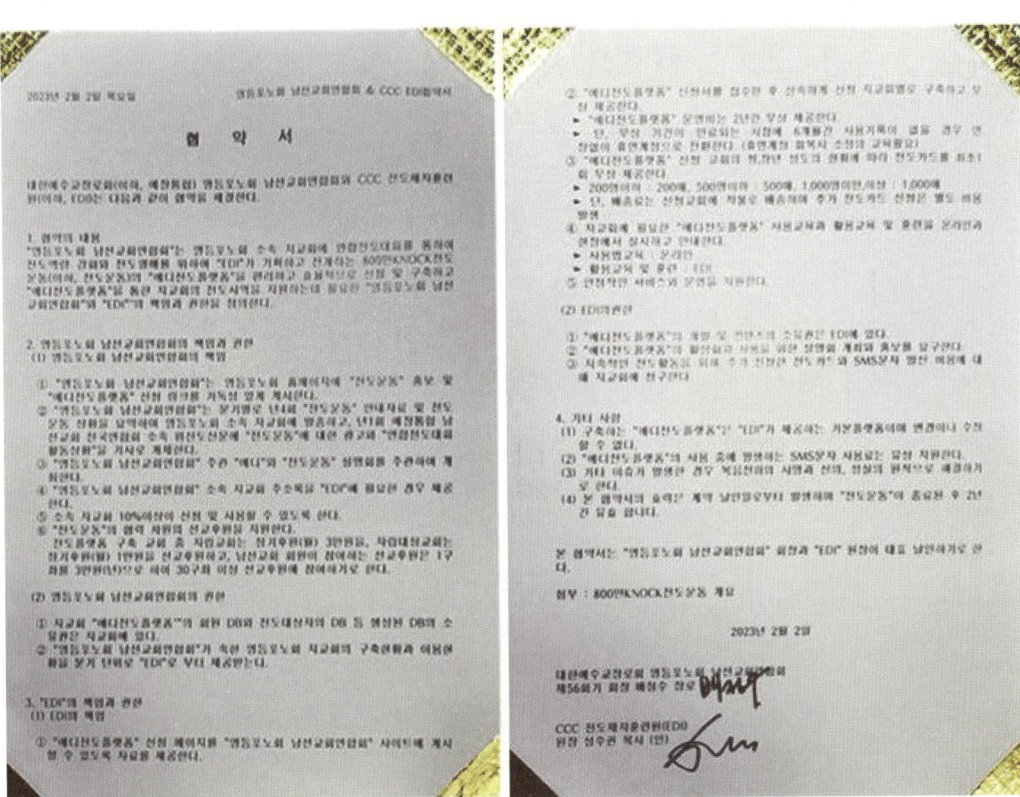

4. 교단총회의 2023전도부흥운동 발대식과 컨퍼런스에 참여하다.

그렇게 EDI와 전도운동에 필요한 내용들을 공유하고, 사업에 적용하는 과정을 하나씩 확인하고 있을 때 EDI전도제자훈련원 성수권 원장으로 부터 통합측 총회 전도컨퍼런스 부스에 초청이 되었다는 소식을 접했습니다.

저는 망설이지 않고 '2023 전도부흥운동 및 전도컨퍼런스'를 준비하는 국내선교부에 연락을 했습니다. 사실 컨퍼런스에 부스가 10개만 설치되고, 이미 초청기관이나 단체가 어느정도 확정된 상태라서 '무리겠지'하는 생각은 있었습니다. 그러나 전국에 조직된 남선교회연합회를 통해서, 남선교회 회원들이 전도사역을 감당하는 것이 하나님의 뜻이라고 믿고 있었던 저는 이번 기회에 알리고 싶었습니다. 이번 기회에 한국교회 성장과정에서 여전도회에, 여전도회 회원들에게 빚진 마음을 갚는다는 심정으로 남선교회가, 남선교회 회원들이 주역이 되어보자는게 꿈이었습니다.

그렇게 전도컨퍼런스 부스에 참여할 수 있는 기회를 달라고 했습니다. 영남연에서 총회 전도컨퍼런스 준비부서에 발송한 공문번호 23-02호의 제목은 "총회 전도컨퍼런스에 부스신청이 가능한지를 검토요청"이라고 되어 있습니다.

전도컨퍼런스에 '남선교회연합회'를 초청해달라고 요청했습니다

다음은 전도컨퍼런스 홍보부스운영을 신청할 때 작성한 '홍보부스 소개' 내용의 일부입니다. "저희는 남선교회연합회가 할 수 있는 전도사역의 역할이 크다고 믿고, 이 역할을 전도컨퍼런스 부스에서 전국에 있는 71개 지노회 남선교회연합회와 공유하고 싶습니다. 지금까지 '잘 짜여진 사업계획'대로 움직여 온 것이 얼마나 지연합회에 속한 교회들에 선한 영향력을 미쳤는지 돌아볼 때라 생각합니다. 지교회 남선교회 회원들은 지 연합회와 전국연합회가 무슨 역할을 하는지 모릅니다. 작은 금액의 지교회 상회비를 받아야 할 때 마다 이런 질문을 받습니다.

저희는 전도컨퍼런스 부스에서 내놓을만한 자료는 많지 않습니다. 대신 지난 연말부터 지금까지도 예비하시고, 인도하시는 "전도부흥운동 및 연합예배"에 대한 그 은혜를 전국 71개 지노회연합회와 공유하고 나눌 수 있다면 하는 마음으로 신청서를 제출합니다."

Chapter 1. '2023 전도부흥운동'의 감동과 은혜

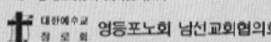

5. 노회 3개 유관부서에서 주최하고, 남선연에서 주관하기로 결의하다.

노회장 황진웅 장로의 제안으로 노회 내 국내선교부.동반성장위원회.평신도위원회의 임원들과 남선교회연합회 임원들이 회의를 진행한 결과, 3개 유관부서에서 전도부흥운동을 주최하고, 남선교회연합회에서 주관하여 진행하기로 결의하였습니다. 이에따라 영등포노회 임원회의에 1)총회 전도부흥운동 사역을 지교회가 적극적으로 참여하도록 영등포노회 3개 부서에서 주최하는 것과 2)총회 전도부흥운동 사역에 필요한 예산을 국내선교부 및 평신도위원회의 사업비 잔액 중 전용하여 사용하도록 허락해 줄 것을 청원하기로 했습니다.

계속사업으로 진행 시 노회 3개 유관부서에 내년 사업예산을 편성하기로 결의하였습니다.

또한 해당사역을 남선교회연합회에서 주관하는 계속사업으로 진행 시 노회에 신규 편성되는 예산으로 사역을 진행하는 안건에 대하여 ① 국내선교부 부장 손성민 목사가 남선교회연합회에서 계속사업으로 진행할 의지가 있는지를 질문하여 향후 5년까지는 확정적으로 주관하고, 이후 사역의 계속여부는 후임 임원들이 사역의 결실을 보고 판단하게 될 것이라는 것과 ② 금년은 부서, 위원회의 가용예산과 긴급편성하는 예산으로 전도부흥사역이 진행되지만 내년부터는 노회에서 예산을 편성하여 사역을 진행하는 것으로 노회 임원회의에 안건을 상정하자는 의견으로 결의 하였습니다.

향후 일정에 대하여 EDI전도플랫폼 및 전도카드를 12개 전도부흥운동 대상 교회와 기타 요청하는 교회에 지원 및 사용교육을 실시하기로 하고, 2023년 4월 6일 오전 10시에 노회회관 3층에서 교육을 진행하기로 하였습니다.

전도부흥운동 사례집 I 전도·부흥·운동 누가 할 것인가?

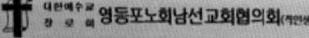
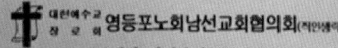

Chapter 1. '2023 전도부흥운동'의 감동과 은혜

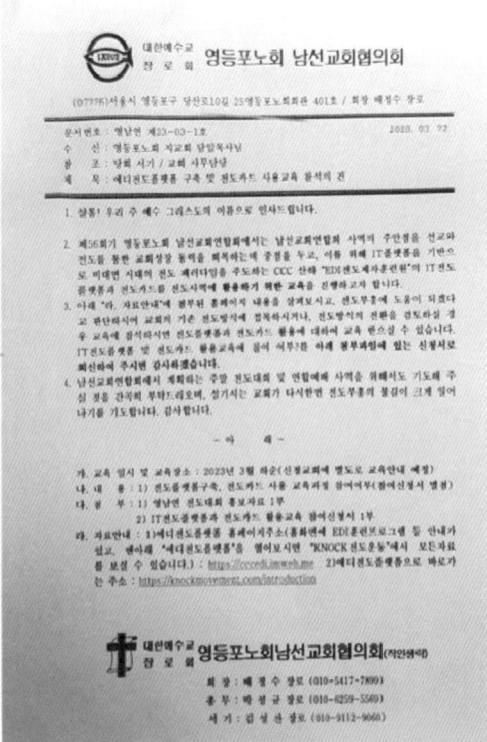 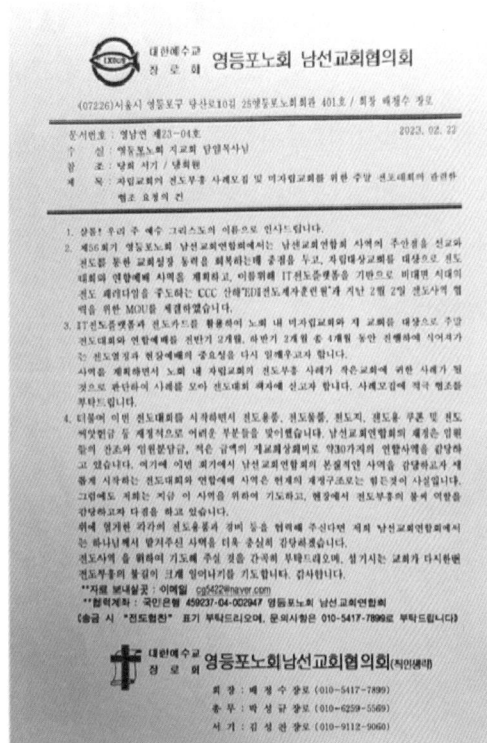

6. 12개 동반성장교회를 위하여 기도하다.

노회 내 121개 교회 중 동반성장위원회에 소속된 교회 34교회에 전화를 했습니다. 3교회가 전화를 받지 않았습니다. 그리고 12개 교회는 전도부흥운동에 동참하겠다고 했고, 19개 교회가 참여하지 못하겠다고 했습니다.

통화했던 메모를 보니 이렇게 적혀 있습니다. 전도플랫폼 설치와 전도행사를 "차차 하겠다", 함께 예배 드리는 것도 "차차 하겠다", "전도는 차차 할테니, 전도지와 선물 등만 먼저 제공해 달라", "추후에 연락을 주겠다", "알아서 하겠다(자체 진행하겠다)", "1회성으로는 하지 않겠다", "어린이 사역을 하고 있어서 어린이전도협회에 도움을 요청하겠다", "코로나 3년동안 어려워져서 상황이 호전되면 요청하겠다", "선호하는 방식이 다르다" 등 다양한 답변으로 전도운동을 거절하고 있

었습니다. 자립대상 교회의 현실은 쉽지 않다는 것이 전해져 왔습니다. 구체적으로 얘기해 줄 수는 없었겠지만 그렇게 할 수 밖에 없는 안타까움이 묻어났습니다.

물론 이렇게 얘기해주는 사람도 있었습니다. "습관에 젖어 있는 교회들도 있으니 쉽지 않을 것이다." 여기서 "습관"이라는 표현은 여러 의미를 함축하고 있는데, 더는 얘기하고 싶지는 않습니다.

그러나 이런 분도 있었습니다. "내가 지난 해로 정년이 되어서 노회에서 지원이 끊겼는데, 내가 죽을 때까지 돌봐야 하는 특수사역을 하고 있습니다. 월세가 715,000원인데, 죽을 때까지 돌봐야 합니다."

함께 기도하고 싶습니다.
함께하는 공동체, 위로하는 공동체, 힘이 되어주는 공동체,
함께 성장하는 공동체가 되어 교회가 행복해지고,
그 곳에 함께하는 성도들이 기뻐하는 교회가 되기를 기도합니다.
우리의 작은 시작이 불씨가 되어 힘을 얻고,
어깨춤을 출 수 있는 그런 날이 계속 되어지기를 기도합니다.

전도플랫폼과 전도카드를 신청하고, 초청하여 교육하였습니다.

동반성장교회 12곳과 기타 7개 교회를 위한 IT가 접목된 전도플랫폼 구축과 전도카드 제작을 요청 했습니다. 3월 29일 구축을 완료하고 개 교회에 프로그램을 이식했습니다.

전도카드는 1차에는 무상제공을 원칙으로 출석교인 수 만큼을 제공하는 것입니다. 이후에는 구입을 해야 합니다. 그러나 자립대상교회를 같은 기준으로 제공할 수는 없었습니다. 개발, 제작업체인 BNB 백종범 대표에게 영등포노회 자립대상교회에 제공하는 카드는 일괄 500매씩 제공해주십사 부탁을 드렸습니다. 당황스러운 일이겠지만 "묻지마시고~" 그렇게 해주십사 부탁을 드렸습니다. 감사하게도 흔쾌이 응해주셨습니다. 절차상으로는 신청이 되면 해당교회 담임목사님과 일일이 통화를 해서 확인도 하고, 등등 과정이 있다고 했습니다. 한가지 더 부탁을 드

Chapter 1. '2023 전도부흥운동'의 감동과 은혜

렸습니다. "교회마다 전화를 하지 않는게 좋겠습니다. 영등포노회 남선교회연합회에서 신청한 것은 그대로 진행해 주시면 감사하겠습니다". 그렇게 하나님의 은혜 가운데 전도운동에 사용될 전도플랫폼, 전도카드 제작이 완료되었고, 전도카드는 노회회관에 배송되었습니다.

4월 6일 오전 10시 노회회관 3층 강의실에 15교회 목회자와 기타 참가자 총 27명이 참석하여 약 2시간 동안 전도프로그램과 전도카드 활용교육이 진행되었습니다.

교육 후 기사화된 보도자료에는 이렇게 기록되어 있습니다.

'주말 전도대회와 연합예배'를 진행하면서 지난 2월 2일 EDI전도제자훈련원과 협약을 통해 기존의 노방전도 방식에 IT를 접목한 하이브리드 전도방식을 도입하였는데, 지금까지 영등포노회에 속한 교회 중 현재 19개 교회에 전도플랫폼과 전

도카드를 제작, 설치하였고, 이번 활용교육은 그 중 15개교회 목사님들과 관계자들이 참석하여 진행되었습니다.

4월 6일 오전 10시부터 약 2시간여 동안 계속된 이번 활용교육에는 EDI전도제자훈련원의 성수권 원장이 강사로 나서 전도플랫폼을 소개하고, 지난 코로나 3년 기간 중 예장합동 동성교회를 통하여 진행된 임상사역의 결과와 임상사역에서 나타난 장·단점을 소개하였습니다.

교육에 참여한 교회에 제작, 배포된 전도플랫폼에 대하여 설치과정을 교육하고, 전도카드를 통하여 태신자가 발생하면 전도자가 지정되고, 세대별로 다양하게 제작된 영상과 말씀을 SNS와 만남을 통해 전하여 교회에 새가족으로 등록하고, 교회 내의 새신자교육을 통하여 양육되어 정착되기까지의 과정을 교육하였습니다. 그리고 전도카드와 전도용품 등을 나누어주는 전도방식에서 발생하는 효율적인 것과 비효율적인 사례를 들어 교육하였습니다.

이번 전도부흥운동에 적용한 프로그램 사용교육에 참여한 목사님들은 이번 교육이 "정말 유익 했고, 좋은 프로그램을 활용할 수 있어 감사하다"면서 "기도하면서 전도에 적극 활용하겠다" 또, "큰 힘이 되었고, 저희 교회에는 너무 유용하겠다"면서 감사의 인사를 전했습니다.

영등포노회와 남선교회연합회의 "전도부흥운동에 대한 열정과 사랑과 섬김에 깊이 감사한다"면서 좋은 열매를 거둘 수 있도록 기도하며 노력하겠다고 했습니다.

영등포노회에서는 전도사역과 연관된 3개 부서와 위원회를 통하여 "남선교회연합회에서 주관 하는 전도부흥운동이 결실을 맺고, 자립대상교회와 지교회에 실질적인 도움이 되도록 적극 협력 하고, 노회 내 많은 교회들이 동참하는 사역이 되도록 기도하겠다"고 했습니다.

교회별로 전도용품, 전단지, 전도선물 등을 준비하였습니다.

4월 4일 전도부흥운동에 필요한 전도용품 준비와 전단지 제작을 의뢰 했습니다. 12개 전도운동 대상 교회의 이름으로 제작되는 준비물은 교회마다 예배시간, 약도, 주보 등 필요한 자료를 받아서 1차 편집을 했고, '천사의 선물'이라는 제작

Chapter 1. '2023 전도부흥운동'의 감동과 은혜

업체에 의뢰를 했습니다. '천사의 선물'은 지난 총회 전도컨퍼런스에 함께 참여했던 업체였는데, 전도용품을 준비하는데 많은 도움이 되었습니다.'

그런데 하나님께서는 여기서 또나른 만남을 허락하셨습니다.

천사의 선물 업체 대표는 다름아닌 '텃치전도 부흥 프로젝트'를 운영하시고, 프로그램 강의를 6백회 이상 하셨던 분이셨습니다. 전도물품을 의뢰하려고 찾아갔다가 전도프로그램과 관련한 얘기가 더 길어지는 시간이었습니다. 많은 경험담과 전도프로그램을 통한 전도운동에 대한 얘기를 전해듣는 귀한 만남이었습니다. 시간을 내어서 텃치전도에 관해서도 더 알아봐야겠다는 생각에 관련자료를 제공 받았습니다.

12개 전도운동 대상 교회에 사용할 전도용품은 교회마다 전도지 2종, 물티슈 1종 등 각 1,000매 씩 제작되었습니다. 태신자용 선물은 별도로 주문하고, 어깨띠도 제작하였습니다. 기드온 협찬으로 성경책도 후원을 받았습니다.

자립대상교회를 위한 전도부흥운동은 그렇게 준비되었습니다.

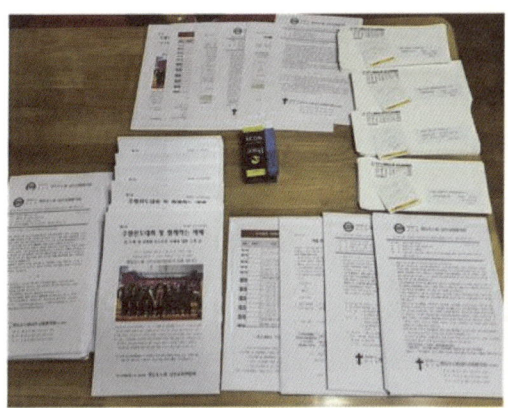

전도부흥운동을 위한 기도제목을 이렇게 나누었습니다.

(1) 전도와 부흥을 위하여 기도

- 예장통합 총회에서 기도하는 '2023 전도부흥운동'에 하나님의 은혜가 임하기를
- 영남연 제56회기 출범과 더불어 기도제목으로 주신 '전도부흥의 불씨가 되라'는 하나님의 소명이 우리 모두의 기도제목이 되기를
- 영남연의 전도부흥운동이 전국의 남선교회 회원들을 통하여 한국교회가 역동적으로 재도약 하는데 사용되어지기를

(2) ○○○교회를 위한 기도

- 교회와 교회의 영적 지도자와 평신도 지도자들을 위하여
- 성도들의 믿음과 생업의 터전과 가정을 위하여
- 예배와 교육과 선교를 위하여, 다음세대를 위하여
- 목사님과 가족들을 위하여

(3) 나라를 위한 기도, 통일을 위한 기도

- 대한민국이 하나님의 사랑을 회복할 수 있도록
- 대한민국 국민들이 희망과 소망을 잃지 않도록
- 한국교회가 통일을 준비하고, 감당할 수 있는 능력이 있게 하옵소서
- 믿음의 형제들의 기도가 통일을 위한 한알의 밀알이 되게 하옵소서
- 북한의 고통받는 형제들에게 희망을 주옵소서

7. 하나님은 감동과 은혜를 더하여 주셨습니다.

'주말 전도대회와 연합예배'를 새로운 회기 중점사업으로 기도하면서 마음 한켠에 답답함이 있었습니다. "이러한 마음을 연합회 총회 선에 주셔서 미리 마음을 모으고 예산편성도 했으면 얼마나 좋았을까?" 그러나 이러한 마음은 총회 직후에 시작되었습니다. 아니 총회 직후에 마음이 뜨거워졌습니다. "그러니 세워진 예산이 있을 턱이 없지 않은가?"

임원들의 의견을 수렴하는 것도 어려운 것은 마찬가지였습니다. 전체 임원들과 미리 합의된 것도 아닌 사업을 진행하겠다니, 그렇지 않아도 1년이면 사업이 30종류요, 그 중에는 주기적으로 반복해서 진행되는 사업도 있으니 분주하기는 말로 표현하기가 어렵습니다. 그런데 예산도 없는 사업을, 기존 1년 예산의 80% 이상이 필요한 신규사업을 진행한다니 기가막힐 노릇이었을 것입니다.

예산은 없어도 기도는 계속되었고, 전도플랫폼을 검증하고 적용을 위한 협의는 계속 되었습니다. 차라리 상위 기관에서 진행해 주기를 바라는 마음에서 이렇게 저렇게 부딪쳐도 보았습니다. 1월 임원회의에서 신규사업 진행에 대한 결의가 있었고, 이후 1월 17일 1차 실행위원회에서 허락을 받고서야 마음속에 막힌 담이 헐리고, 은혜의 대로가 열리는 느낌이 들었습니다. 아직도 예산은 세워지지 않았지만 여기까지 이루시는 하나님의 은혜를 체험하면서 온 몸에 전율과 환희가 밀려왔습니다.

이후 예산이 세워지는 과정과 진행과정은 위에서 부분부분 정리되어 있어서 여기서는 줄이겠습니다.

복의 통로로 사용하시는 하나님께서는 이렇게 은혜를 주셨습니다. 동반성장 3개 교회에 후원이 되었습니다.

"회장님! 제가 회장을 맡고있는 남선교회연합회에서 자립대상교회를 섬기는 주말 전도운동과 연합예배를 계획하고, 기도하고 있습니다".

"정말 어려운 교회가 있으면 추천을 해보세요. 후원할 수 있는 길이 있을 것 같은데~".

CBMC 중앙회장을 역임하신 장로님과의 대화 한 대목입니다. 그렇게 오며가며 전도부흥 운동을 얘기하던차에 이런 얘기를 나누게 된 것입니다.

"혹시 남선교회연합회는 자격이 안될까요? 저희가 올해 어려운 교회를 대상으로 전도운동을 하고 있습니다".

"아마 규정상 그것은 어려울 겁니다. 교회를 추천해 보세요".

이렇게 얘기를 나누고 덜컥 4군데 교회를 대상으로 추천서를 제출했습니다.

결과는 3군데 교회에 각각 후원금이 보내졌습니다. 3개 교회 합계 1,100만원이라는 제법 큰 금액을 후원받게 되었습니다. 전도부흥운동을 위해 통화했던 34곳 동반성장교회 중 3곳의 교회에 후원이 이루어졌습니다. 통화를 하면서 교회상황을 메모해두었던 자료를 기반으로 추천이 이루어졌습니다.

▶한 곳은 지난 해 연말을 기점으로 노회의 후원이 중단되었는데, 그동안 섬기던 특수선교를 내려 놓을 수 없어서 힘이 되는대로 계속 사역을 이어가야 한다기에 추천서를 작성 했습니다.

▶한 곳은 중국인을 대상으로 여러 사역을 감당하는 곳인데, 귀한 사역으로 판단되었습니다. 한국에 들어 와 있는 많은 외국인들을 전도하여 교육하면 그들이 고국으로 돌아갔을 때 그들이 선교사의 역할을 감당할 수 있지 않겠는가? 하는 생각이 들었습니다.

▶마지막 한 곳은 출석교인의 대부분이 청년들로 다음세대를 섬기는 사역을 하는데, 이 시대에 중요한 사역으로 판단 되었습니다. 더구나 비좁은 예배 공간으로 이제 이사를 해야하는 처지에 놓여 있다고 했습니다.

이런 섬김도 있었습니다.

1) 한영교회 전도대를 대상으로 전도플랫폼과 전도카드 활용교육이 있었습니다. 그 자리에서 남선교회연합회의 전도사역 과정을 잠깐 홍보겸 안내를 했습니다. 어려운 과정에도 은혜롭게 진행되는 선교소식을 전해들은 K권사님께서 선교비를 후

Chapter 1. '2023 전도부흥운동'의 감동과 은혜

원하겠다고 하셨습니다.

참 감사한 일입니다. 이 모양 저 모양으로 도우시는 하나님의 은혜는 한푼의 예산도 없이 시작한 전도부흥운동을 그냥 바라보고만 있지는 않으셨습니다. 오늘도 하나님의 일하심을 목도하게 하시고, 힘을 내라 하시며, 전도사역을 향한 열정을 더욱 뜨겁게 하시니 그 은혜가 놀라울 뿐입니다.

2) 고척시장 인근 교회에서 전도운동을 하고 있을 때 임원 중 한 명이 고척시장 내 떡집에 전도지를 전했습니다. 여사장님은 인근에 있는 큰 교회의 권사님이셨습니다. 그 날이 토요일인데, 영업이 끝난 이후 전도운동을 했던 교회를 찾아와 적지 않은 금액을 헌금 하셨습니다.

우리는 이렇게 2023 전도부흥운동 기간을 통해서 하나님의 은혜를 체험하고 있습니다.

8. 전도부흥운동 현장에 2주연속 비가 내리다.

설레임 가운데 전도운동이 계획된 날자가 하루 앞으로 다가왔습니다. 주차가 불편하다는 연락을 받았기에 전철을 타고, 교회를 찾아갔습니다. 박카스 1박스를 사 들고 연락도 없이 불쑥 찾아가서 전화를 드렸습니다.

문 앞에 박카스를 두고 나왔습니다. 미리미리 점검하지 못하고 일을 그르치는 버릇 때문에 낭패를 보는 경우가 많은데, 오늘도 목사님 일정을 확인하지 않고 방문을 해서 헛걸음을 했습니다.

돌아오는 길에 다음 주에 전도운동이 계획된 교회를 둘러보기 위해 전철을 내려 두리번거리며 교회를 찾았습니다. 다행히 교회는 전철역 주변에 있어서 쉽게 찾을 수 있었습니다. 교회 간판에 붙어있는 씨트지는 누렇게 변색이 되었고, 2층에 자리하고 있는 교회는 당장 간판이며, 주변정리를 깔끔하게 해야 될 판이었습니다.

그러고보니 이곳만 그런 것이 아니었습니다. 조금전에 발걸음을 돌렸던 교회도 간판씨트 글씨는 누더기처럼 헤어져 있었습니다.

"무엇부터 손을 대야 할까?"

상반기 전도운동 첫 날이 시작되었습니다.

비 예보가 있는 토요일 오전입니다. 임원들은 비가 예보되니 사역의 진행여부를 계속 물어왔습니다. 꽉 짜여진 일정 때문에 미룰 수도 없었고, 6개월을 준비하며, 교육하고 기다려온 전도부흥운동을 비 때문에 미루고 싶은 생각은 처음부터 없었습니다.

이것저것 준비물 때문에 교회 가까이 차를 대고 준비물을 내리려니 어수선하기만 합니다.

모두가 한 손으로 우산을 들고, 움직이려니 불편하기도 합니다.

전도용품을 정리하고, 남선교회연합회 어깨띠를 매고 자리에 앉았습니다. 드디어 기도회를 시작으로 전도부흥운동의 첫 시간이 시작되었습니다.

찬송가 '323장 부름받아 나선 이몸'과 '358장 주의 진리위해 십자가 군기'를 힘차게 불렀습니다. 하나님의 말씀을 합독했습니다. '살전 5:16~18' "항상 기뻐하라, 쉬지말고 기도하라, 범사에 감사하라. 이것이 그리스도 예수안에서 너희를 향하신 하나님의 뜻이니라"

힘겹게 지난 3년을 이겨내고 있지만 오늘도 힘에 겨운 현실을 떨쳐낼 수 없기에 범사에 감사가, 삶의 기쁨이 얼마만큼의 크기일지 몰라, 다시 기쁨과 감사를 회복하고 싶었습니다. 그렇게 함께 기도하고 싶었습니다.

전도는 기도로 시작합니다.

"사랑하는 아버지!! 오늘 이시간 영등포노회 국내선교부와, 동반성장위원회, 평신도위원회 주최 아래, 남선교회연합회에서 주관하여 전도부흥운동을 시작할 수 있게 하심을 감사드립니다. 모든 영광 하나님 홀로 받으시기를 원합니다.

전도부흥운동을 하나님 몸된 이곳 ○○○교회에서 시작하게 하심을 감사합니다. 첫 번째 순서로 기도회를 시작합니다. 여기모인 한사람 한사람이 교회와 나라와 하나님의 영광을 위하여 기도 하고자 합니다. 특별히 전도사역과 교회의 부흥을 위해 기도하오니, 특별한 응답의 시간이 되게 하옵소서.

여기, 이 자리에 모인 ○○○교회 성도 한분 한분과 전도사역을 주최하는 영등포노회 부서 임원들과 주관하는 남선교회연합회 임원들을 주님 기억하여 주시사 교회부흥과 전도의 사명으로 부름받아 나아갈 때에 하나님의 귀한 은혜를 다시한 번 경험하는 시간되게 하시고, 저희의 삶이 감사하는 삶, 주님께 영광이 되는 삶이 되게 하옵소서.

내가 기도해야 하는 이유? 내가 기뻐해야 하는 이유?

내가 감사해야 하는 이유? 우리가 전도해야 하는 이유?

'내' 교회를 넘어 '우리' 교회로 함께 부흥해야 하는 이유?를 생각하는 시간되게 하옵소서.

주님을 사랑합니다. 찬양합니다. 주님 홀로 영광 받으시고, 저희의 마음문을 활짝 열어주셔서 성령충만을 허락하옵소서. 전도부흥운동을 허락하시고, 교회가 하나님의 능력으로 우뚝서게 하시는 거룩하신 예수님의 이름으로 기도합니다. 아멘."

전도카드와 전도지, 물티슈를 챙겨 노방전도에 나섭니다.

검정 비닐봉지에 전도지와 물티슈, 전도카드가 부착된 전도지를 담아서 각각 챙겨들었습니다.

교회를 중심으로 몇 개조를 나누어야 할지 의견을 나누고, 조 별로 짝을 이루어 노방전도를 시작했습니다. 우산을 받쳐든 한 손에 검정 비닐봉지를 들고, 한 손에는 간절한 마음이 담긴 전도지를 들고 지나치는 사람마다 전도지를 건네며, 전도카드에 있는 영상을 꼭 봐주시기를 부탁드렸습니다. 그렇게 2시간의 시간이 훌쩍 지났습니다. 오후 12시 30분이 되어 흩어졌던 전도팀들이 다시 모였습니다. 모두가 즐겁고 기쁜 얼굴이었습니다. 비가 오는데 유동인구가 많았습니다. 인근에 시장도 있었습니다. 교회를 중심으로 한쪽 방향은 빌라단지를 이루고 있었습니다. 모두가 담당했던 곳에서 받은 은혜를 나누었습니다.

"오늘 점심식사는 남선교회연합회에서 제공합니다." "시장안에 소문난 순대국 맛집이 있습니다." 목사님의 안내를 받아 그곳에 자리를 잡았습니다. 소문난 그대로 맛있게 점심을 먹게 되었습니다.

내일은 연합예배 일정이 있습니다. 그런데 내일은 특별한 시간입니다.
전도부흥운동을 위한 예배는 영등포노회 남선교회연합회 1차 순회헌신예배이기도 합니다.

1년에 4번 예정된 순회헌신예배 중 2번은 장로회와 연합으로, 2번은 자체 헌신예배를 드립니다. 올해는 장로회와 연합헌신예배는 1회를, 1회는 미리 예정된 교회에서, 나머지 2회를 전도부흥운동을 하는 자립대상교회에서 드리기로 했습니다. 내일은 2회 중 그 첫 번째 순회헌신예배를 이 곳 전도부흥운동 교회에서 드릴 예정입니다.

교회의 성도들과 연합회 임원들, 연합회 전회장들이 함께 했습니다. 예배의 인도, 성경봉독, 기도 등 모든 순서를 임원들이 맡았습니다. 목사님이 대언하는 하나님의 말씀으로 은혜를 받았습니다.

귀하고 귀한 첫 번째 교회에서의 순서가 모두 마무리 되었습니다.

예배 후에 교회의 성도 한 분이 직접 준비해 주신 추어탕을 점심식사로 대접 받았습니다. 정성이 가득한 식사를 대하면서 작은 인원이지만 성도들이 베푸는 손길, 그 마음을 보게 되었습니다. 작은교회들이 갖고 있는 보배같은 은혜들이 있었습니다. 그 은혜로운 모습들을 고스란히 보듬고 교회가 성장하기를 기도 했습니다. 모두가 마음에 은혜가 풍성해진체로 일정을 마무리 했습니다.

이번 주 일정부터는 2개 교회에서 전도운동과 연합예배를 진행합니다.

Chapter 1. '2023 전도부흥운동'의 감동과 은혜

계획하기로는 임원들의 바쁜 일정 때문에 4개조로 나누어 2개조가 쉬어가면서 순환하는 것으로 전도운동과 연합예배를 진행할 예정이었습니다. 그런데 첫 번째 일정을 마무리하면서 생각이 바뀌었습니다. 우리가 힘들어도, 바쁜 일정이 있더라도 행여 적은 인원이 참석하는 전도운동으로 인하여 교회가 상처를 받으면 안되겠다는 마음이 들었습니다.

전도운동에 참여하는 모든 분들에게 양해를 구했습니다. 4개조를 2개조로 묶어서 매주 전도운동에 참여하는 것으로 동의를 구했습니다. 그것이 교회와 성도들에게 예의이고, 우리의 본분을 다함일 것 같았습니다.

1개 조는 구로구에 있는 선민교회로, 1개조는 신정동에 있는 새언약교회로 향했습니다.

기도회와 노방전도가 진행되는 오늘도 비가 오고 있습니다. 이제 비가 와도 전도부흥운동의 진행 여부를 물어보는 사람은 없습니다.

그렇게 두 번째 전도부흥운동의 일정을 진행했습니다. 조장격인 회장과 수석부회장만 토요일 전도운동을 진행한 교회와 주일 연합예배에 참여할 때 교회를 바꾸어 방문하기로 했습니다. 토요일에는 A교회에서 전도운동을 진행하고, 주일에는 B교회에서 연합예배를 드리는 방법입니다.

오늘은 주일입니다. 연합예배 참석을 위해 구로구에 있는 선민교회를 방문했습니다. 예배에 앞서 찬송을 하는데, 목사님이 계속 눈물을 훔치시고 계십니다. 뜨거운 찬송 가운데 계속 눈물을 흘리십니다.

아버지 하나님!!
하나님의 교회에서 눈물을 거두어 주세요.
하나님의 목자에게서 눈물을 거두어 주세요.
이제 기쁨의 그날이 속히 오도록 이곳을 기억하시고, 역사해 주시기를 기도합니다.

잠자던 성도의 열심을 깨워 전도에 대한 사명을 더하게 되었습니다.

전도운동을 진행하면서 목회자와 성도의 마음이 이렇게 변하고 있습니다.

▶이제 전도를 하겠습니다.

▶그동안 하지 못했던 전도를 이제는 적극적으로 해보겠습니다.

▶이제 시간을 내어서 매 주마다 전도 하겠습니다.

적은 인원이 모이는 교회, 그 중에 몇 안되는 성도들이지만 이렇게 고백을 합니다.

하나님!!

이렇게 우리가 꺼지지 않는 불씨가 되게하여 주소서.

이들에게 지속적인 관심을 갖게 하시고, 지속적으로 함께할 수 있는 은혜로운 방법을 허락해 주소서. 이들의 마음에 식지 않는 전도와 부흥에 대한 열정을 허락하옵소서,

오늘로 전도부흥운동을 시작한지 3주차를 맞이하고 있습니다

오늘은 비가 오지 않았습니다. 전도운동에 성도들이 함께 참여하여 전도부흥운동을 은혜 가운데 진행하게 되었습니다.

내일은 한국교회의 미래를 보는 청년들의 교회, 푸른동산교회를 찾아갑니다.

주일인 내일은 42명 등록교인 중 청년이 38명 출석하는 교회에서 예배를 드리고, 전도부흥운동을 하게 됩니다.

비좁은 교회의 상황에 "전도는 생각을 못하고 있었다"고 합니다.

그래서 한마디 했습니다. '모두 서서 예배를 드리고, 전도 합시다.'

내일은 하나님께서 그 곳으로 우리를 인도 하십니다.

그 곳에서는 어떤 은혜를 예비하실지 가슴이 뛰기 시작합니다.

젊은 청년들과 뜨겁게 드려지는 예배를 하나님께서는 기쁘게 받아 주시리라 믿습니다.

Chapter 1. '2023 전도부흥운동'의 감동과 은혜

오늘은 푸른동산교회에서 연합예배와 전도부흥운동을 진행했습니다.

~후기~

푸른동산교회!! 42명의 성도들 중 38명이 청년들입니다. 비좁은 상가건물 한켠에 자리한 작은 교회지만 다시 성장할 수 있는 한국교회의 미래를 봤습니다. 남선교회연합회 임원들이 연합예배를 드린 후 청년들의 말씀나눔 시간이 끝나고, 함께 전도한 시간이 약 2시간이었습니다. 이날 전도지와 전도카드를 받고, 교회와 하나님 말씀에 대한 관심이 있어서 전도플랫폼에 스스로 연락처를 남긴 사람이 11명이었습니다. 이것은 하나님이 이루신 기적과도 같았습니다.

은혜로다. 은혜로다. 은혜로다. 말로 표현할 수 없는 은혜였습니다.

6월 첫째 주까지 매주 토요일과 주일에 전도운동이 계속되었습니다.

5월 20일과 21일에는 구로구 중앙로에 있는 예샘교회와 강서구 양천로에 있는 명성교회에서 전도부흥운동과 연합예배를 진행했습니다. 예샘교회는 남선교회연합회 수석부회장 이태봉 장로의 인도로 기도회를 진행하고, 이후 노방전도를 진행했습니다. 명성교회는 남선교회연합회 회장 배정수 장로의 인도로 기도회를 진행하고, 이후 노방전도를 진행했습니다. 아파트 골목골목을 누비고, 아파트 상가에 있는 가게문을 열고 들어가 전도지를 나누고, 전도카드를 전해주면서 큐알코드를 스캔하여 영상을 보시라고 권면합니다.

그렇게 할당된 전도지와 물티슈, 전도카드를 나누고 교회에 모였습니다. 한낮 무더웠던 날씨에 제법 땀이 흐릅니다. 교회에서 잠시 땀을 식히고, 감자탕으로 허기진 배를 채웠습니다.

그렇게 전도 일정을 마무리 하고, 내일 주일에는 연합예배를 함께 드리기로 하고 인사를 나눴습니다.

매주 토요일과 주일에 계속되는 전도를 위한 기도회와 전도운동, 주일에 진행되는 연합예배가 27일과 28일에도, 6월 3일과 4일에도 매주 2개 교회씩 진행되었습니다.

27일과 28일에는 서울새순교회와 주영빛교회에서, 6월 3일과 4일에는 진명교회와 서울중국인교회에서 전도운동과 연합예배가 진행되었습니다.

9. 2023전도부흥운동 상반기 일정을 마치다.

　상반기 동반성장교회와 함께하는 2023전도부흥운동은 6월 3일(토) 어제, '기도회와 전도사역'을 마무리하였습니다. 그리고 오늘, '함께하는 예배'에서 작은교회가 함께 성장하기를 바라는 마음을 담아 '전도씨앗헌금'을 드리면서 상반기 일정을 마쳤습니다.

　전도와 예배 후에 함께 식사를 나누고, 차를 마시면서 목사님과 나누는 마음은 긴장했던 모든 시간도, 피곤했던 모든 과정도 하나님의 은혜였노라고 고백하게 만드는 소중한 마음이었습니다. 이러한 시간이 켜켜이 쌓여서 성도와 영적지도자가, 장로와 목회자가 서로 의지하며 서로 동역하여 한국교회의 토양을 건강하게 다져가리라 믿습니다.

　이제 다음 주 부터는 일정이 계획 되는대로 주최부서와 주관부서가 만나서 상반기 사역을 돌아보고, 더욱 의미있는 하반기 사역을 기획하고 이를 위해 기도하며 준비하려고 합니다. 그리고 상반기와 하반기 중간 일정 동안에는 평신도 선교부흥운동 캠프에 신청서를 접수한 신입생을 포함하여 조를 재편성하고, 전도부흥운동을 위하여 선별된 12개 교회를 순회하면서 주일마다 함께 예배하고 섬기는 사역을 이어가게 됩니다.

　더욱 기도하며 섬기는 시간이 될 것입니다. 이 시간을 지나 하반기 전도부흥운동으로 이어질 때는 더 큰 기대와 소망을 품고 큰 걸음을 내딛을 수 있으리라 믿습니다. 동역하는 마음이 하나가 될 때 건강한 교회로 이어져 다시 부흥하는, 행복한 한국교회로 세움 받으리라 믿습니다.

10. 남선교회 순회헌신예배에서 상반기 전도부흥운동 성과를 보고하다.

영등포노회 남선교회연합회는 매 회기마다 네 번의 순회헌신예배를 드립니다. 그 중 두 번은 남선교회연합회 단독으로 드려지고, 나머지 두 번은 영등포노회 장로회와 연합으로 드립니다.

2023년 6월 18일에 드려진 순회헌신예배는 남선교회연합회 단독으로 드리는 순서였는데, 당일 여러 교회에 행사가 있는 분주한 날이기도 했습니다. 예배순서 말미에 약30분에 걸쳐 상반기 전도부흥운동에 대한 성과를 보고하고, 남선교회 회원 중 전도부흥운동에 참여한 분들을 대상으로 선물을 증정하는 시간도 갖게 되었습니다.

남선교회 회원 중 전도부흥운동에 참여한 분들은 남선교회연합회 전회장들이 전부였지만 감사의 마음을 전할 수 있는 시간이었습니다. 더불어 모집하고 있는 전도사관학교 기도의 용사 120명 과 전도의 용사 300명을 통하여 남선교회 회원들과 나아가 여전도회 회원들까지 전도부흥운동에 동참할 수 있기를 소망하는 시간이기도 했습니다.

11. 제107회기 교단총회 '2023 전도부흥운동평가'에서 우수상을 수상하다

제107회기 교단총회에서는 지난 2023년 2월 10일 총회 100주년기념관에서 '2023전도부흥운동 발대식과 컨퍼런스'를 시작으로 교단 내 69개 노회에서 전도부흥운동이 역동적으로 펼쳐지기를 기도했습니다.

영등포노회 남선교회연합회는 발대식과 컨퍼런스에 적극적으로 동참하고, EDI 전도제자훈련원과 함께 부스를 배정받아 '남선교회연합회가 전도부흥운동의 주역이 됩시다'라고 홍보하고, 전도자료를 배포하였습니다. 우리 남선교회연합회는 지난 2022년 11월 6일, 제56회기를 시작하면서 전도운동에 사역의 초점을 맞추고 여전도회연합회와 간담회를 갖는 등 전도사업계획을 추진하던 중이었기에 교단총회의 전도부흥운동에 더욱 적극적으로 참여할 수 있는 계기가 되기도 하였습니다.

총회 전도부흥운동 특별위원회에서는 전도성과를 공정하게 평가하기 위해 지노회를 방문하여 전도부흥운동의 성과를 점검하고, 평가자료와 지노회에서 제출한 성과보고서를 기초하여 1차 평가와 2차 평가를 진행하였고, 수상노회를 선정하였습니다. 이렇게 진행된 결과, 영등포노회는 우수상을 수상하게 되었습니다.

작은교회의 전도역량을 회복하고 작은 불씨가 되기를 바라는 마음으로 기도하고, 기쁜 마음으로 주말을 반납했던 노회 3개 주최부서 임원들과 주관부서인 남선교회연합회 임원들, 그리고 전회장들과 회원들, 동참했던 지교회에 감사를 드립니다.

Chapter 1. '2023 전도부흥운동'의 감동과 은혜

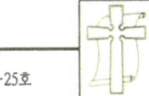

예총표 제107-25호

우수상

영등포노회

귀 노회는 제107회기 총회에서 시행한 2023 '전도부흥운동'에 지교회와 함께 적극 협력하여 전도의 열정을 되살리는데 앞장섰습니다. 이에 총회는 2023 '전도부흥운동'에 참여한 노회 중 타의 모범이 되고 활동성과가 우수한 영등포노회에 이 상을 드립니다.

"그 주인이 이르되 잘하였도다 착하고 충성된 종아 네가 적은 일에 충성하였으매 내가 많은 것을 네게 맡기리니 네 주인의 즐거움에 참여할지어다." (마태복음 25:21)

2023년 6월 29일

대한예수교장로회총회

총회장 이 순

Chapter
2
'2023 전도부흥운동' 기타 자료

1. 기독언론 보도자료

1) EDI와 영남연 업무협약식 보도자료

지난 2023년 2월 2일(목) 영등포노회 회관 3층 회의실에서 영등포노회 3개부서 임원들과 남선교회연합회 및 EDI전도제자훈련원 관계자 22명이 모여 업무협약식을 갖게 되었습니다. 이에 업무협약과 관련한 보도자료를 내고, 기독공보를 비롯한 4개 언론사에서 기사화 되었습니다. 아래는 기사화된 자료입니다.

Chapter 2. '2023 전도부흥운동' 기타 자료

2) EDI전도프로그램 및 전도카드 활용교육 보도자료

전도운동과 관련한 업무협약식 후 노회 내 19개 교회에 EDI 전도프로그램을 구축하고, 전도카드를 공급하였습니다. 그리고 2023년 4월 6일 15개 교회 목사님과 관계자 등이 참석하여 전도프로그램과 전도카드 활용교육을 진행하게 되었습니다. 이와 관련한 보도자료를 통해 평신도신문사 등 5개 언론사에 기사화 되었습니다. 다음은 언론에 보도된 자료입니다.

3) 교단총회의 전도부흥운동 시상 보도자료

제107회기 교단총회(통합)에서는 2022년 9월 부터 2023년 5월 31일까지 지노회별로 진행된 전도부흥운동을 평가하여 최우수상 1개노회, 우수상 2개노회, 장려상 3개노회 등을 선정, 상장과 상금으로 시상하고 축하와 격려의 시간을 갖었습니다. 총회100주년기념관 1층 조에홀에서 진행된 시상식에서 영등포노회(노회장 황진웅 장로)는 우수상과 상금 500만원을 수상하였고, 이 자리에 노회 관계자 18명이 참석하여 꽃다발을 전달하고, 축하의 시간을 가졌습니다.

시상식 후 국민일보와 전도부흥운동에 대한 인터뷰를 했는데, 다음은 국민일보에 기사화된 자료입니다.

급변하는 사회 속 "전도에도 기술 혁신 필요하다" (승인 2023.07.02. 16:43)
'EDI 전도 플랫폼'으로 교회 성장 체험해
영등포노회, "3개월 동안 2000여명이 새 신자 등록했다" 발표

대한예수교장로회통합 영등포노회(노회장 황진웅 장로)가 최근 예장통합 총회가 실시한 전도부흥운동 시상식에서 우수상을 받은 배경에 '전도제자훈련원(EDI·Evangelism & Discipleship Initiative) 전도 플랫폼'이 있었다고 2일 밝혔다.

EDI 전도 플랫폼은 한국대학생선교회(CCC) 산하 전도제자훈련원(이사장 이경우 목사)이 만든 전도 애플리케이션이다. 전도자와 전도 대상자를 앱을 통해 손쉽게 연결하기 위해 개발됐다.

서울 영등포구 두드림교회가 노방 전도할 때 사용했던 전도지 모습.

전도 플랫폼과 함께 제공되는 전도지에는 앱으로 곧바로 연결되는 큐알코드가 있다. 큐알코드에는 교회 전도 영상을 비롯해 복음 메시지를 담은 영상 등을 연결할 수 있다. 전도 대상자는 영상을 본 뒤 해당 교회에 관심이 생기면 개인정보를 남긴다. 전도자는 정보 확인 후 대상자와 소통하며 복음을 전할 수

있다. 전도 플랫폼에는 교회 전도자들 전체의 활동을 일목요연하게 볼 수 있는 결과 보고서도 제공하고 있어 향후 전도 전략 수립에도 도움을 준다.

서울 강서구 푸른동산교회 성도와 영등포노회 회원들이 지난달 14일 신방화역에서 전도하던 중 기념촬영을 하고 있다.

이 전도 플랫폼을 활용해 전도한 교회들의 만족도는 높다.

영등포노회가 펴낸 '전도 성과 보고서'에 따르면 노회 산하 교회들이 본격적으로 전도를 시작한 3개월 동안 2000여명에게 복음을 전했다.

도림교회(정명철 목사)는 지난 4월부터 2달간 전도 운동을 펼쳤다. 이 기간에 등록한 교인은 1837명에 달했다. 같은 지역에 있는 양평동교회(김경우 목사)는 전도 운동 기간 중 하루에만 30명이 등록했다고 한다. 경일교회(김용희 목사)도 지난달 총동원 주일에 34명이 등록하는 결실을 봤다.

출석 성도가 40여명인 푸른동산교회(김주형 목사)는 지난 5월 단 하루 만에 EDI 전도 플랫폼에 11명의 새 신자가 스스로 연락처를 남겼다고 밝혔다. 김주형 목사는 "상가 한쪽에 있는 작은 교회지만 이번 전도를 통해 성장할 수 있다는 희망을 품게 됐다"며 "11명이 등록한 건 기적과도 같은 일"이라고 말했다. 치유하는교회(김의식 목사)는 2020년부터 꾸준히 전도 축제를 진행했으나 그동안 등록자보다 새 전략을 활용한 올해 교회 방문자와 등록자가 가장 많았다고 보고했다. 교회가 집계한 자료를 보면 올해 전도 축제 방문자 수는 1315명으로 2020년부터 지난해까지 각각 46명, 415명, 704명 방문한 것에 비교해 월등히 많은 걸 알 수 있다. 올해 전도 축제 날 교회에 등록한 교인도 지난해보다 40명 늘어난 116명인 것으로 알려졌다.

영등포노회 남선교회연합회장 배정수 장로는 국민일보와 통화에서 "사용하기에 편한 전도 플랫폼이 교회들의 전도에 필요하다고 생각해 도입했다"며 "실제로 관심도 컸고 교회에 등록하는 비율도 높아 여러모로 효과가 있었다"고 설명했다.

국민일보 김동규 기자 kkyu@kmib.co.kr

2. EDI 전도제자훈련원 인터뷰 영상

EDI 전도제자훈련원에서는 지난 2022년 11월 2차 런칭을 거친 직후, 우리 영등포노회 남선교회연합회와 업무협약을 진행했습니다.

코로나19로 교회의 전반적인 전도활동이 침체되었고, 특히 작은 교회의 성도들의 이탈과 예배와 전도의 동력 상실이 가속화되고 있습니다. 우리 노회 내 작은교회의 상황도 다르지 않습니다.

코로나19가 교회생활의 위협에서 조금씩 멀어짐에 따라 전도부흥운동을 기획하게 되었고, EDI 전도제자훈련원의 지원으로 코로나19 이후에 가장 적합한 전도방식이라고 판단되는 전도프로그램을 구축하고, 전도카드를 지원 받게 되었습니다. 전도프로그램과 전도카드 활용교육을 진행하게 되었고, 이후 작은교회를 대상으로 하는 전도부흥운동에 적용하게 되었습니다.

EDI 전도제자훈련원에서도 1차 런칭 후 약 1년 반에 걸쳐 임상사역을 했지만 실제 전도현장에서 적용하고, 결과를 얻어가는 모습은 우리 영등포노회 전도현장이 좋은 모델이 되었을 것입니다.

위와같은 의미로 EDI 전도제자훈련원 성수권 원장은 인터뷰를 요청해 왔습니다. 한영교회 당회실에서 인터뷰를 진행하고, 영상은 유투브 영상으로 송출되어 EDI 전도프로그램을 도입하고자 하는 교회와 전도현장에 제공되고 있습니다.

[EDI전도제자훈련원 인터뷰 영상]--소스코드

3. 전도부흥운동 유튜브 홍보영상

영등포노회 남선교회연합회가 주관하는 전도부흥운동은 먼저 작은 교회를 대상으로 전도의 열정을 되살리고, 불씨가 되어주는 것이 목표입니다.

노회 내 34개 동반성장교회 중 12개 교회를 전도운동의 대상교회로 결정하고, 토요일과 주일에 남선교회 회원과 지교회가 연합하여 전도운동을 진행하였습니다. 이번에 남선교회의 본질에 최선을 다하고, 이를 전국에 있는 남선교회 조직에 전파하여 남선교회가 전도부흥운동의 주역이 되기를 기도하면서 언론에 보도자료를 내는 것과 유튜브 등에 전도영상을 제작, 노출하는 것을 기획하였습니다.

2023 영등포노회 전도부흥운동   2023 영등포노회 전도부흥운동

4. 전도부흥운동 참석자 확인자료

전도부흥운동은 기도의 용사 120명과 전도의 용사 300명을 목표로 신청서를 받고 있습니다. 먼저 남선교회연합회 임원들과 남선교회연합회 전회장을 대상으로 '전도의 용사 신청서'를 받았고, 남선교회연합회 순회헌신예배와 봄노회에서 신청서를 배포하였습니다.

'기도의 용사 120명'은 여전도회연합회에서 모집, 참여해주기를 기도하고 있습니다.

지속가능한 전도부흥운동이 되기를 기도하면서 위와같이 기획하였고, 전도부흥운동 1회차인 올 해는 남선교회연합회 임원들과 남선교회연합회 전회장들이 주축이 되어 참여했습니다.

아래 자료는 교회와 일터 그리고 가정에서도 헌신의 모본이 되면서도 이번 1회차 전도운동에 헌신한 족적을 남겨두기 위해 싣게 되었습니다. 하나님의 은혜를 체험하면서 시간시간 함께하신 분들에게 머리가 숙여집니다. 크신 은총이 전도운동을 위해 기도하며 동참하는 모두에게 넘치도록 부어지리라 믿습니다.

> ▣ 전도부흥운동 관련 공지사항입니다.(1)
> 영등포노회 남선교회연합회에서 주관하는 전도부흥운동을 두드림교회에서 시작합니다.
> 모든 것이 하나님의 은혜이고, 전회장님을 비롯한 임원 한분한분의 은혜임을 고백합니다. 이제 상반기 12개교회를 위한 모든 일정이 잘 마무리 될 수 있도록 기도해 주시기 바랍니다.
> 두드림교회(서윤수 목사 시무) 교회를 대상으로 발대식을 겸한 1차 남선교회연합회 순회헌신예배로 진행됩니다. 아래내용을 숙지해주시기 바랍니다.
>
> ▣ 이번 주 토요일과 주일 일정입니다.
> 1. 전도부흥운동
>   (1) 두드림교회(서윤수 목사 시무, 서울시 강서구 까치산로 45, 2층)
>   **토요일(4월 29일) 일정 : 기도회, 전도부흥운동
>   ■ 참석자 : 배정수, 이태봉, 김한균, 이병호, 박석태, 박성규, 김성찬, 김상식, 정종래, [전회장] 이재천, [국내선교부 회계] 조희복(존칭생략)
>   **주일(4월 30일) 일정 : 11시 00분 예배참석

■ 참석자 : 배정수, 이태봉, 이택원, 서창열, 박성규, 김성찬, 김영삼, 정종래, [전회장] 유동일, [국내선교부 회계] 조희복(존칭생략)

2. 특기사항
(1) 부득이 참석이 어려운 분은 댓글을 남기시기 바랍니다.
　　바쁘시겠지만 일정 조정하셔서 참석해 주시기를 부탁드립니다.
(2) 토요일 일정을 마치고 식사하도록 하겠습니다.
　　식사는 남선교회연합회에서 준비합니다.

3. 상반기 전도부흥운동을 위해서 계속 기도해 주시고, 협조와 참여를 부탁 드립니다.
　감사합니다.

■ 전도부흥운동 관련 공지사항입니다.(2)

영등포노회 남선교회연합회에서 주관하는 전도부흥운동이 은혜 가운데 진행되고 있습니다.
전도부흥운동에 함께하시는 한분한분께 깊이 감사드립니다.
모든 것이 하나님의 은혜이고, 동참하시는 전회장님을 비롯한 임원 한분한분의 은혜임을 고백합니다.
앞으로의 일정도 잘 진행 될 수 있도록 기도해 주시기 바랍니다.
이번 주에는 선민교회(유성재 목사 시무), 새언약교회(정성철 목사 시무) 등 2개의 교회를 대상으로 진행됩니다. 아래 내용을 숙지해 주시기 바랍니다.

■ 이번 주 토요일과 주일 일정입니다.

1. 전도부흥운동
(1) 선민교회(유성재 목사 시무, 서울시 구로구 중앙로 5길 62)
　**토요일(5월 6일) 일정 : 기도회, 전도부흥운동
　　■ 참석자 : 이태봉, 서창열, 김성찬, 김상식, 박성태, 김영삼, 정종래 [전회장] 원영일, 장윤규, 이계창/[국내선교부 회계]조희복(존칭생략)
　**주일(5월 7일) 일정 : 11시 00분 예배참석
　　■ 참석자 : 배정수 [전회장] 원영일, 이계창/[국내선교부 회계]조희복(존칭생략)
(2) 새언약교회(정성철 목사 시무, 서울시 양천구 오목로 150, 2층)
　**토요일(5월 6일) 일정 : 기도회, 전도부흥운동
　　■ 참석자 : 배정수, 박영규, 정익화, 김영삼, 최정태, 김한균, 김상식, 장윤규 [전회장] 우정균, 이재천, 정찬흥(존칭생략)
　**주일(5월 7일) 일정 : 11시 예배참석
　　■ 참석자 : 이태봉, 정익화, 이택원 [전회장] 유동일(존칭생략)

2. 특기사항
(1) 참석 명단은 1조, 2조로 배정했습니다.

전도부흥운동 사례집 I 전도·부흥·운동 누가 할 것인가?

> 부득이 참석이 어려운 분은 댓글을 남기시기 바랍니다.
> 이번 주에는 전도부흥운동이 2개 교회가 예정되어 있습니다.
> 바쁘시겠지만 일정 조정하셔서 참석해 주시기를 부탁 드립니다.
> (2) 토요일 일정을 마치고 조별로 식사하도록 하겠습니다.
> **3. 전도부흥운동을 위해서 기도해 주시고, 협조와 참여를 부탁 드립니다. 감사합니다.**

> ▣ **전도부흥운동 관련 공지사항입니다.(3)**
> 영등포노회 남선교회연합회에서 주관하는 전도부흥운동이 은혜 가운데 진행되고 있습니다.
> 이번 주에는 예향교회(김상욱B 목사 시무), 향기내리교회(김추향 목사 시무), 푸른동산교회(김주형 목사 시무) 등 3개의 교회를 대상으로 진행됩니다. 아래 내용을 숙지해 주시기 바랍니다.
>
> ▣ **이번 주 토요일과 주일 일정입니다.**
> 1. **전도부흥운동**
>   (1) 예향교회(양천구 목동중앙본로 28)
>   **토요일(5월13일) 일정 : 기도회, 전도부흥운동
>   ■ 참석자 : 이태봉, 이택원, 김한균, 박성규, 정종래 [전회장] 이재천/[국내선교부 회계]조희복(존칭생략)
>   **주일(5월14일) 일정 : 오전11시 예배참석
>   ■ 참석자 : 유동일, 우정균, [국내선교부 회계]조희복(존칭생략)
>   (2) 향기내리교회(광명시 광명로 841, 501호)
>   **토요일(5월13일) 일정 : 기도회, 전도부흥운동
>   ■ 참석자 : 배정수, 서창열, 이병호, 정익화, 김영삼, 최정태 [전회장] 이계창, 장윤규
>   **주일(5월14일) 일정 : 6월 중 예배로 예정(주일 일정 없이 푸른동산교회에서 전도,예배 참석)
>   (3) 푸른동산교회(강서구 초원로 85, 3층)
>   **주일(5월14일) 일정 : 주일에 모든 일정 진행함, 11시 예배 참석, 식사 후 전도부흥운동 진행
>   ■ 참석자 : 배정수, 김상식, 정종래, 박성규, 정익화, 김영삼 [전회장] 이계창 외 1명(친구)
>
> 2. **특기사항**
>   (1) 참석 명단은 임의로 배정했습니다. 이렇게 하게된 이유는 이번 주에 3개 교회가 예정되어 있었습니다. 교회마다 공지가 된 상태여서 일정변경은 어려워 임원 및 전회장님들께서 많이 참여해 주시기를 부타드립니다. 토요일 일정은 2개인데, 주일에 모든 일정을 소화해 주십사 하는 푸른동산교회 일정이 있어서 주일 일정이 3개 교회가 되었습니다. 어려운 상황이지만 일정 조정하셔서 참석하여 주시기를 부탁드립니다.
>   (2) 토요일 오후 1시 20분에는 박석태 장로님 따님 결혼식이 있습니다. 따라서 토요일 일정은 마치는대로 결혼식장으로 이동하여 축하해주시고, 식사하도록 하겠습니다.
> **3. 전도부흥운동을 위해서 계속 기도해주시고, 협조와 참여를 부탁드립니다. 감사합니다.**

Chapter 2. '2023 전도부흥운동' 기타 자료

◾ 전도부흥운동 관련 공지사항입니다.(4)

영등포노회 남선교회연합회에서 주관하는 전도부흥운동이 은혜 가운데 진행되고 있습니다.

전도부흥운동에 함께하신 한분한분께 깊이 감사드립니다. 이제 이번 일정으로 상반기 일정을 마무리 하게 됩니다. 어려운 상황 가운데에서도 여기까지 올 수 있었던 것이 하나님의 은혜이고, 동참하시는 전회장님을 비롯한 임원 한분한분의 은혜임을 고백합니다. 상반기 마지막 일정도 잘 마무리 될 수 있도록 기도해 주시기 바랍니다.

이번 주에는 예샘교회(이종범 목사 시무), 명성교회(진수일 목사 시무) 등 2개의 교회를 대상으로 진행됩니다. 아래 내용을 숙지해 주시기 바랍니다.

◾ 이번 주 토요일과 주일 일정입니다.

1. 전도부흥운동
  (1) 예샘교회(구로구 중앙로 6길 40, 3층)
    **토요일(20일) 일정 : 기도회, 전도부흥운동
    ■ 참석자 : 이태봉, 서창열, 김한균, 김상식, 정종래 [전회장] 이계창/[국내선교부 회계]조희복(존칭생략)
    **주일(21일) 일정 : 오전11시 15분 예배참석
    ■ 참석자 : 배정수, 이택원, 정익화 [전회장] 이계창(존칭생략)
  (2) 명성교회(강서구 양천로 69길 65, 3층)
    **토요일(20일) 일정 : 기도회, 전도부흥운동
    ■ 참석자 : 배정수, 이병호, 박석태, 박성규, 김영삼 [전회장] 이재천, 정찬흥(존칭생략)
    **주일(21일) 일정 : 11시 예배참석
    ■ 참석자 : 박영규, 박성규 [전회장] 유동일, 조희복(존칭생략)

2. 특기사항
  (1) 참석 명단은 임의로 배정했습니다. 부득이 참석이 어려운 분은 댓글을 남기시기 바랍니다.
      바쁘시겠지만 일정 조정하셔서 참석해 주시기를 부탁 드립니다.
  (2) 토요일 일정을 마치고 조별로 식사 하도록 하겠습니다.

3. **전도부흥운동을 위해서 계속 기도해 주시고, 협조와 참여를 부탁 드립니다. 감사합니다.**

◾ 전도부흥운동 관련 공지사항입니다.(5)

영등포노회 남선교회연합회에서 주관하는 전도부흥운동이 은혜 가운데 진행되고 있습니다.

전도부흥운동에 함께하신 한분한분께 깊이 감사드립니다. 이제 상반기 일정 중 50%를 은혜 가운데 마쳤습니다. 모든 것이 하나님의 은혜이고, 동참하시는 전회장님을 비롯한 임원 한분한분의 은혜임을 고백합니다. 이제 남은 2주, 4개 교회의 일정도 잘 마무리 될 수 있도록 기도해 주시기 바랍니다.

이번 주에는 서울새순교회(이종성 목사 시무), 주영빛교회(박찬일 목사 시무) 등 2개의 교회를 대상으로 진행됩니다. 아래 내용을 숙지해 주시기 바랍니다.

전도부흥운동 사례집 I 전도·부흥·운동 누가 할 것인가?

■ **이번 주 토요일과 주일 일정입니다.**

1. 전도부흥운동
   (1) 주영빛교회(박찬일 목사 시무, 광명시 도덕로 41, 2층)
   **토요일(27일) 일정 : 기도회, 전도부흥운동
      ■ 참석자 : 이태봉, 이택원, 서창열, 김한균, 김성찬, 김상식, 정종래 [전회장] 이계창/[국내선교부 회계] 조희복(존칭생략)
   **주일(28일) 일정 : 11시 00분 예배참석
      ■ 참석자 : 배정수, 김성찬, 김상식 [전회장] 원영일, 이계창/[국내선교부 회계]조희복(존칭생략)
   (2) 서울새순교회(이종성 목사 시무, 양천구 오목로 75,B01호)
   **토요일(27일) 일정 : 기도회, 전도부흥운동
      ■ 참석자 : 배정수, 박석태, 박성규, 최정태 [전회장] 정찬흥(존칭생략)
   **주일(28일) 일정 : 11시 예배참석
      ■ 참석자 : 이태봉, 이병호, 박석태, 박성규, 정익화 [전회장] 유동일(존칭생략)

2. 특기사항
   (1) 참석 명단은 임의로 배정했습니다. 부득이 참석이 어려운 분은 댓글을 남기시기 바랍니다.
       이번 주에는 전도부흥운동이 2개 교회가 예정되어 있습니다.
       바쁘시겠지만 일정 조정하셔서 참석해 주시기를 부탁 드립니다.
   (2) 토요일 일정을 마치고 조별로 식사하도록 하겠습니다.

3. 전도부흥운동을 위해서 계속 기도해 주시고, 협조와 참여를 부탁 드립니다. 감사합니다.

■ **전도부흥운동 관련 공지사항입니다.(6)**

영등포노회 남선교회연합회에서 주관하는 전도부흥운동이 은혜 가운데 진행되고 있습니다.
전도부흥운동에 함께하신 한분한분께 깊이 감사드립니다. 이제 이번 일정으로 상반기 일정을 마무리 하게 됩니다. 어려운 상황 가운데에서도 여기까지 올 수 있었던 것이 하나님의 은혜이고, 동참하시는 전회장님을 비롯한 임원 한분한분의 은혜임을 고백합니다. 상반기 마지막 일정도 잘 마무리 될 수 있도록 기도해 주시기 바랍니다.
이번 주에는 진명교회(배종님 목사 시무), 서울중국인교회(최황규 목사 시무) 등 2개의 교회를 대상으로 진행됩니다. 아래 내용을 숙지해 주시기 바랍니다.

■ **이번 주 토요일과 주일 일정입니다.**

1. 전도부흥운동
   (1) 진명교회(배종님 목사 시무, 광명시 도덕로 29, 2층)
   **토요일(6월3일) 일정 : 기도회, 전도부흥운동
      ■ 참석자 : 이태봉, 이택원, 김성찬, 김상식, 정종래 [전회장] 장윤규, 우정균, 이계창/[국내선교부 회계] 조희복(존칭생략)

**주일(6월4일) 일정 : 11시 00분 예배참석
- 참석자 : 배정수, 김성찬 [전회장] 원영일, 이계창(존칭생략)
(2) 서울중국인교회(최황규 목사 시무, 영등포구 대림로 140)
**토요일(6월3일) 일성 : 기노회, 진도부흥운동
- 참석자 : 배정수, 이병호, 박석태, 박성규, 정익화, 김영삼, 최정태 [전회장] 이재천(존칭생략)
**주일(6월4일) 일정 : 오후 1시 예배참석
- 참석자 : 이태봉, 박성규, 서창열 [전회장] 유동일 [국내선교부 회계]조희복(존칭생략)

2. 특기사항

(1) 참석 명단은 임의로 배정했습니다. 부득이 참석이 어려운 분은 댓글을 남기시기 바랍니다.
이번 주에는 전도부흥운동이 2개 교회가 예정되어 있습니다.
바쁘시겠지만 일정 조정하셔서 참석해 주시기를 부탁 드립니다.
(2) 토요일 일정을 마치고 조별로 식사하도록 하겠습니다.

3. 전도부흥운동을 위해서 계속 기도해 주시고, 협조와 참여를 부탁 드립니다. 감사합니다.

5. 전도사역 일자별 경과보고

 2023 전도부흥운동은 준비해야 할 과정이 만만치 않았습니다. 여러 교회를 대상으로 전도사역을 진행한 선례가 없는 사업인만큼 전도대상 교회를 선정하고, 전도자료를 준비하는 것들도 어려움이 있었지만 코로나19를 경험하면서 전도대상자들의 닫힌 마음에 은혜롭게 접근할 수 있는 전도프로그램도 필요했습니다. 이 시대에 필요한 전도프로그램을 선택하고, 프로그램을 구축하고 교육해야 했습니다.

 차후에 전도사역을 평가하고 개선하는데, 또는 전도사역을 계획하는 교회나 단체 등에 작은 도움이 될까하는 마음에서 진행하는 일정들을 정리했습니다.

전도사역 진행과정 경과보고

일 자	내 용	비 고
2022년 11월30일(수)	남선교회연합회에서 평신도위원회,여전도연합회에 임원간담회 제안	
2023년 1월 6일(금)	노회 임원과 간담회에서 전도사역(안)에 대한 보고	년1회 연초에 진행
2023년 1월 14일(토)	영남연 3차임원회의에서 신규사업 진행에 대한 결의	

전도부흥운동 사례집 I 전도·부흥·운동 누가 할 것인가?

날짜	내용	비고
2023년 1월 17일(화)	영남연 1차 실행위원회의에서 신규사업 진행에 대한 결의	
2023년 2월 2일(목)	영남연과 EDI전도제자훈련원 전도사역 협약체결	협약식 진행
	영남연과 EDI전도제자훈련원 전도사역 협약체결 보도자료1 배포	기독공보,평신도,장로
2023년 2월 10일(금)	총회전도부흥운동 발대식 및 전도컨퍼런스 참여	부스 배정 받음
	전도행사에 EDI와 부스 공유하여 전도인쇄물 250부 제작(1차) 홍보	
2023년 2월 15일(수)	CCC본원방문(EDI전도제자훈련원 자료소개 및 교육)	
2023년 2월 20일(월)	한영교회 전도플랫폼 및 전도카드 신청(1)	
	현대비전교회 전도플랫폼 및 전도카드 신청(2)	
2023년 3월 3일(금)	노회장님 면담신청 공문접수	
2023년 3월 8일(수)	노회교회 전체 121교회에 전도사역공문 및 첨부자료 발송	
	경일교회 전도플랫폼 및 전도카드 신청(3)	
2023년 3월 14일(화)	노회장님 면담,결과 : 3월24일 회의 진행	
2023년 3월 16일(목)	전도홍보 인쇄물 300부 제작(2차)	
	지교회 남선교회에 연합사역 알리기 등	
2023년 3월 18일(토)	공문발송교회 중 자립대상교회 31교회 목사님들과 통화 완료	34교회 중 3교회 불통
	공문발송교회 중 자립교회 목사님들과 통화 및 면담예정	
	영남연 임원교회 목사님들과 면담일정 협의 중	임원들에게 협조요청
2023년 3월 23일(목)	강남협의회 13노회 임역원간담회에서 전도사역에 대한 설명	13개노회 참여
2023년 3월 24일(금)	국내선교부,동반성장위원회,평신도위원회,영남연 회의	가용예산지원 안건
2023년 3월 25일(토)	동반성장31교회 목사님 통화결과, 전도사역 12교회 확정	3개교회 불통
2023년 3월 29일(수)	12교회 EDI전도플랫폼 및 전도카드 제작신청,4/6일제작완료	전도카드 각500매 신청
	(별도로 3교회는 홍보물 및 선물지원 요청 : 전도는 자체진행)	지원보류 의견정리
2023년 4월 4일(화)	전도지,전도용품,전도카드용쿠폰 등 제작의뢰	상반기사역 12개교회
	1차 전도부흥운동 준비위원회 회의, 오후7시	장소 : 노회회관
	전도행사 후원용 성경책 500부 확보완료	김영삼장로 후원
2023년 4월 5일(수)	노회부서회의 결과를 노회 임원회의에 제출	
2023년 4월 6일(목)	EDI전도플랫폼, 전도카드 사용교육 : 오전10시 노회회관	15교회목사이 27명참석
	EDI전도플랫폼, 전도카드 사용교육 보도자료2 배포	기독공보,평신도,장로
2023년 4월 7일(금)	노회임원회의결의 : 3개부서주최,영남연주관,가용예산전용,계속사업의견,노회예산편성의견	
2023년 4월 13일(목)	전도지,전도용품,전도카드용 쿠폰 종류 개별교회 확인 후 제작확정	천사의 선물
2023년 4월 14일(금)	전도지,전도용품,전도카드용 쿠폰 교정 마무리	천사의 선물
2023년 4월 15일(토)	2차 전도부흥운동 준비위원회 회의, 오후2시	장소 : 율곡수목원

Chapter 2. '2023 전도부흥운동' 기타 자료

2023년 4월 17일(월)	1차 전도부흥운동 교회별(행사대상교회) 실행일정 확정	12개 교회
	영등포노회 평신도 선교부흥운동 캠프(or선교사관학교) 개설과 참가자모집하는 허락청원	
2023년 4월 20일(목)	1차 전도부흥운동 대상 교회별 전도지,용품 등 출고,배송완료	12개 교회
2023년 4월 22일(토)	영남연 임시임원회의 : 선회장조성 경과보고,행사준비상황 최종점검/인원교회 홍보자료 배포	
2023년 4월 25일(화)	130회영등포노회에서 전도부흥운동 홍보행사, 선교사관학교(안) 배포 진행	
2023년 4월 28일(금)	전도부흥운동 대상교회 2곳 사전답사	두드림,새언약교회
2023년 4월 29일(토)	전도부흥운동 두드림교회 기도회 및 노방전도 실시	두드림교회
2023년 4월 30일(주일)	발대식 및 1차남선연 순회예배로 실시/전도부흥 씨앗헌금 20만원지급	두드림교회
	태신자용선물구입비(50만원) 및 물티슈,전단지3종,어깨띠 제공	모든비용 연합회부담
2023년 5월 7일(토)	전도부흥운동 선민교회/새언약교회 기도회 및 노방전도 실시	선민/새언약교회
2023년 5월 8일(주일)	선민교회/새언약교회 주일예배 후 전도부흥 씨앗헌금 각20만원지급	선민/새언약교회
	태신자용선물구입비(각50만원) 및 물티슈,전단지3종,어깨띠 제공	모든비용 연합회부담
2023년 5월 13일(토)	전도부흥운동 예향교회/향기내리교회 기도회 및 노방전도 실시	예향/향기내리교회
2023년 5월 14일(주일)	예향교회/푸른동산교회 예배후전도부흥씨앗헌금 각20만원지급	푸른동산교회전도진행
	태신자용선물구입비(각50만원) 및 물티슈,전단지3종,어깨띠 제공	모든비용 연합회부담
2023년 5월 20일(토)	전도부흥운동 예샘교회/명성교회 기도회 및 노방전도 실시	예샘/명성교회
2023년 5월 21일(주일)	예샘교회/명성교회 예배후 전도부흥씨앗헌금 각20만원지급	예샘/명성교회
	태신자용선물구입비(각50만원) 및 물티슈,전단지3종,어깨띠 제공	모든비용 연합회부담
2023년 5월 27일(토)	전도부흥운동 서울새순교회/주영빛교회 기도회 및 노방전도 실시	서울새순/주영빛교회
2023년 5월 28일(주일)	서울새순교회/주영빛교회 예배후전도부흥 씨앗헌금 각20만원지급	서울새순/주영빛교회
	태신자용선물구입비(각50만원) 및 물티슈,전단지3종,어깨띠 제공	모든비용 연합회부담
2023년 6월 1일(목)	총회107회기 전도부흥 특별위원회 노회전도상황확인,면담실시	배정수,서창열장로참석
2023년 6월 3일(토)	전도부흥운동 진명교회/서울중국인교회 기도회, 노방전도 실시	진명/서울중국인교회
2023년 6월 4일(주일)	진명교회/서울중국인교회 전도부흥 씨앗헌금 각20만원 지급	진명/서울중국인교회
	태신자용선물구입비(각50만원) 및 물티슈,전단지3종,어깨띠 제공	모든비용 연합회부담
전도사역 향후 일정		
2023년 5월~7월.	노회 내 교회별,기관별 전도사례 모아서 사례집 발간	남선교회연합회 주관
2023년 6월	전도부흥운동 후 상반기 전도결과 평가회 진행	노회 3개 주최부서 및 주관부서 참석
2023년 6월 7일	교단총회에 2023전도부흥운동 성과보고서 제출	
2023년 6월	교단총회에서 노회별 전도부흥운동에 대한 시상	총회시상에 도전
2023년 9월 첫 주~	하반기 전도대회 진행	

6. 상반기 전도부흥운동 일정표

12개 교회를 대상으로 전도부흥운동 일정을 수립하고, 대상 교회와 목사님의 일정을 고려하여 계획된 일정으로 진행이 가능한지를 확인 하였습니다.

회신된 내용으로 일정을 다시 조정하여 최종 일정표가 준비 되었습니다.

그렇게 일정을 확정하고, 한 주 전에는 전도행사가 진행될 교회를 먼저 방문하여 주변 상황을 둘러보기도 했습니다. 진정성을 담아 교회의 회복과 성장을 위해 기도하며 한주한주 일정을 마무리 했습니다.

2023전도부흥운동 상반기 일정표

교 회	주 소	목회자	전도운동	연합예배	기타/결과
두드림교회	강서구 까치산로 45, 2층	서윤수 목사	4월29일토요일	4월30일주일	발대식 및 총동원 순회예배/완료
선민교회	구로구 중앙로5길 62	유성재 목사	5월6일 토요일	5월7일 주일	2개조운영/완료
새언약교회	양천구 오목로 150, 2층	정성철 목사	5월6일 토요일	5월7일 주일	2개조운영/완료
예향교회	양천구 목동중앙본로 28	김상욱 목사	5월13일토요일	5월14일주일	2개조운영/완료
향기내리교회	광명시 광명로 841, 501호(동진)	김추향 목사	5월13일토요일	추후순회 예배진행	2개조운영/완료
푸른동산교회	강서구 초원로 85, 3층	김주형 목사	주일에 통합진행	5월14일 예배,전도 진행	2개조운영/완료
예샘교회	구로구 중앙로6길 40, 3층	이종범 목사	5월20일토요일	5월21일주일	2개조운영/완료
명성교회	강서구 양천로69길65, 3층	진수일 목사	5월20일토요일	5월21일주일	2개조운영/완료
서울새순교회	양천구 오목로 75, B01호	이종성 목사	5월27일토요일	5월28일주일	2개조운영/완료
주영빛교회	광명시 도덕로 41, 2층	박찬일 목사	5월27일토요일	5월28일주일	2개조운영/완료
진명교회	광명시 도덕로 29, 2층	배종님 목사	6월3일 토요일	6월4일 주일	2개조운영/
서울 중국인 교회	영등포구 대림로 140	최황규 목사	6월3일 토요일	6월4일 주일	2개조운영/

영등포노회 3개부서(위원회 포함)에서 주최하고 남선교회연합회에서 주관하는 전도부흥운동은 2023년 상반기에 12교회를 대상으로 6월 첫째 주 까지 상반기 행사를 진행했습니다.

전도부흥운동 중 기도회와 노방전도는 토요일에, 함께하는 예배는 해당 주일에 드렸습니다. 첫 번째 행사로 4월 29일에 남선교회 순회예배를 겸하여 진행했습니니다. 임원 모두가 기도로 준비하고, 전회장들과 회원들이 함께하는 전도부흥운동의 모든 일정에 하나님께서 친히 인도 하셨습니다. 역사하시는 하나님의 은혜를 체험하는 복된 전도부흥운동의 시간이었음을 고백합니다.

2023 전도부흥운동 참가자 편성표

조/조장	명 단(영남연임원/전회장/여전도회(?)/자원성도)	대상교회성도
1조 배정수	배정수, 김한균, 박영규, 고창용, 박성규, 정익화, 정종래/ 전회장 : 원영일, 장윤규, 이계창, 부서임원 : 조희복 및 자원하는 회원	
2조 이태봉	이태봉, 서창열, 이병호, 박석태, 김성찬, 김상식, 김영삼, 최정태/ 전회장 : 유동일, 우정균, 이재천, 정찬흥 및 자원하는 회원	

7. 교단총회에 제출한 '2023 전도부흥운동' 시상 신청서

영등포노회에서 진행되고 있는 전도부흥운동은 제107회기 교단총회의 전도부흥운동 계획과는 무관하게 준비되고, 진행하는 전도사역입니다.

전례가 없는 첫 사역으로 제법 긴 시간동안 준비를 해야했습니다. 6월 첫 주까지 상반기 전도운동을 마무리하게 되었고, 지금은 하반기 전도운동이 진행되고 있습니다.

교단총회의 전도부흥운동 발대식과 컨퍼런스를 통한 지노회의 전도에 대한 관심과 열매를 기대하는 총회의 의지가 일회성으로 끝나서는 안된다는 말씀을 드리고 싶습니다.

이렇게 말씀드리는 것은 우리 노회에서 전도운동을 준비하면서 주최 부서와 주관부서의 첫 회의 때 국내선교부장 손성민 목사께서 "일회성 사업이냐?, 계속사업이냐?"는 질문을 했던 것과 같은 맥락의 의미를 담고 있습니다.

그렇게 우리 영등포노회의 전도부흥운동은 계속사업으로 전국의 지노회에 전도운동의 불씨가 되어 들불처럼 번져가기를 기도합니다.

'2023 전도부흥운동' 시상신청서(요약결과보고)

노회명	영등포노회		
담당자	주최 : 노회 국내선교부 외 2개 위원회 주관 : 남선교회연합회 회장 배정수 장로	전화	010-5417-7899
		E-mail	cg5422@naver.com
전도부흥 사업목표	1. 영혼을 구원하는 '2023 전도부흥운동' 2. 한국교회를 회복시키는 '2023 전도부흥운동' 3. 믿음의 열정을 깨워 전도역량을 극대화하는 '2023 전도부흥운동'		
전도기간	2022. 9. 26. ~ 2023. 5. 31.		
내용 요약	**1. 적극성**(예 : 각 노회별 전도부흥운동 발대식 시행여부 등...) ① 평신도위원회에 요청하여 여전도회연합회 임원과의 간담회 ② 노회 3개부서(부서,위원회)주최, 남선교회연합회 주관사업으로 예산확보와 회기마다 계속 사업으로 확정 ③ 첫 번째 동반성장교회에서 전도부흥운동 발대식 겸, 남선교회 순회예배로 드려, 인도,기도, 성경봉독,광고 등 담당, 전도씨앗헌금을 전달함 ④ 각종 기독언론매체에 MOU소식, 전도카드 활용교육 등 관련 9회 보도 ⑤ 동반성장교회 중 현황파악 후 배정수 장로 추천으로 대외기관에 3개 교회를 추천하여(300만원 *2교회,500만원*1교회) 1,100만원을 후원함. **2. 다양성**(예 : 노회 및 지교회별 전도행사의 다양한 형태 등...) ① EDI 전도제자훈련원과 MOU체결 후, IT전도플랫폼 프로그램을 구축하여 교육하고, 전도에 활용함 ② 동반성장위원회 소속 34개교회 목사님과 통화, 12개교회를 선정 후 진행, 토요일에는 기도회 후 전도운동을 진행하고, 주일에는 함께하는 예배로 드려짐 ③ 지교회별 15,000명 초청잔치/주말 관계,노방전도/전도열정을 깨우기 위한 교회 내 전도부스를 설치하고 매주일 출석교인들에게 전도지 나누어주기. **3. 확장성**(예 : 지역사회와 전도를 위한 연합 및 연대 활동 등...) ① 지연합회 총회,여전도회 총회,강남협의회 간담회,봄노회, 기타 기회만 있으면 전도부흥운동에 동참을 외치고다님 ② 중국인,탈북민을 섬기는 교회에도 전도운동을 진행하므로서 귀국 후 선교사의 역할을 하도록 영혼구원에 힘씀 ③ 밀알헌금을 통하여 구청, 동사무소 등과 연계하여 불우이웃을 지원하고, 노숙인에게 구제금을 지급하되, 교회에 초청하여 예배에 참여 후 지급 ④ 네팔 선교지 탐방 중 에디전도카드를 이용한 전도방식을 설명, 해외선교지용으로 제작요청 받음. 해외선교지에 필요한 영상자막 삽입하면 적용가능성 충분함		

기대효과 (효과성)	① 전도카드를 부착한 전도지를 통해 노방전도 후 채 1일도 지나지 않아 11명이 관심 인원으로 인적사항을 남기는 은혜를 경험함 ② 도림교회는 60,000명 초청을 작정하여, 14,992명이 초청되었고, 1,837명이 등록을 했으며, 기타 노회 내 지교회별로 다양한 전도운동이 전개되고 있으며, 자립대상교회는 함께 기도히아 전두 및 예배를 드리므로 전도에 대한 동기부여와 지속성을 유지하는데 중점을 두고 있음
지속방안 (지속성)	① 노회 내 국내선교부,동반성장위원회,평신도위원회가 주최하고, 남선교회연합회가 주관하여 노회 내 교회별 전도운동 일정을 수립 후 진행하여 이를 남선교회연합회 매 회기 계속사업으로 확정하였음 ② 자립대상교회를 위한 후속 프로그램으로 '영등포노회 평신도 선교부흥운동 캠프'를 설립하여 2023년 1기생을 모집, 작은교회를 섬기는 사업을 계속함

8. 하반기 전도부흥운동을 위한 설문자료

상반기에 진행된 전도운동에 대한 평가는 참여하신 교회에서 정확하게 평가하고 있으리라 믿습니다. 저희의 부족한 부분도, 아쉬운 부분도 있을 것 입니다. 그러나 이렇게 시작된 전도운동은 좀 더 보완하고, 새로워져서 다음 제2회차 전도운동을 거치면서 더욱 많은 은혜와 열매가 있을 것이라 확신합니다.

하반기 전도운동을 준비하면서 전도운동에 대한 참여의사, 전도프로그램 교육에 대한 참여의지 등등을 알아야 실수를 줄일 수 있겠다는 생각과 내년 회기 준비에도 도움이 되겠다는 판단으로 간단한 설문을 받게 되었습니다.

하반기 전도부흥운동을 위한 몇가지 질문을 드립니다(설문지)

바쁘시겠지만 아래 질문에 빠른 답변과 상세한 답변을 주시면 감사하겠습니다.
(참고로 이번 총회에 보고된 성과보고서 자료와 약간의 추가자료를 교회에 요청해서 이를 기초로 전도부흥운동 사례집을 발간하여 공유하려고 합니다.)

1. 상반기 전도부흥운동을 위해 도입한 EDI전도프로그램과 전도카드는 도움이 되셨는지요?
2. EDI전도프로그램과 전도카드는 사용하고 계신지요?
    전도카드를 별도로 추가 구입해서 사용하셨는지요?
3. EDI전도프로그램과 전도카드 사용에 대한 추가 교육을 진행하면 참여하실 수 있는지요?
    아니면 우리교회만 별도로 교육해주기를 원한다?
4. 주 중 또는 주 말 전도부흥운동을 자체 계획아래 지속적으로 진행하고 계신지요?
    상반기 전도부흥운동 후 전도의 열매는 있었는지요?
5. 전도를 위해 전도지, 전도물품, 선물 등을 추가로 구입해서 사용하고 계신지요?
6. 하반기 전도부흥운동에 가장 필요한 전도용품은 무엇인지요?
    예를들어 1) 전도카드, 2) 전도지, 3) 물티슈, 4) 선물, 5) 현금
7. 하반기 전도부흥운동은 주최, 주관부서의 임원회의 후 계획을 확정하여 진행하고자 합니다.
    1) 도움이 되시어 교인들과 함께 적극 참여하겠다?
    2) 도움 없이 자체적으로 진행하겠다?
8. 2024년을 위한 전도사업계획에 대한 질문입니다.
    - 금년 상반기 전도사역프로그램을 그대로 반영하면 좋겠다?
    - 우리교회는 내년에도 꼭 전도사역을 함께했으면 좋겠다?
    - 전도프로그램에 대한 별도의 의견이 있다면?(제안해 주세요)

9. 하반기 전도부흥운동 일정표

상반기 전도운동과 하반기 전도운동의 중간 일정으로 전도운동 대상교회를 순회하며 예배에 참여할 계획을 세웠는데, 6월 중순부터 8월 초까지 시간이 빠르게 지나갔습니다. 섬기는 교회에서 중직을 맡고있는 주관부서 임원들이기에 개인적인 휴가도 반납한 체 교회마다 진행되는 교육부서 수련회, 전교인 수련회 등 굵직한 행사들을 담당하느라 바쁜 시간을 보낸 것입니다.

주관부서에서는 전도부흥운동 사례집 발간을 진행하면서 하반기 계획을 세우고, 교회별 일정을 조율하였습니다.

하반기 일정 중 특기할만한 것은 상반기 전도운동을 진행한 12개 교회 중 4개 교회가 전도운동을 자체적으로 진행하겠다는 의사를 밝혔습니다. 따라서 하반기 전도운동은 8개 교회를 대상으로 진행합니다.

이제 제1회 전도부흥운동이 마무리 되어갑니다. 금년에 진행된 전도운동을 돌아보고, 제2회차 전도운동은 동반성장 교회와 차상위 교회까지 대상을 확대하여서 실제적인 전도운동의 역할을 감당할 수 있도록 기도하고 있습니다.

2023전도부흥운동 하반기 일정표(8개 교회)

교 회	주 소	이 름	전 화	차례	전도운동 실시일자	연합예배	참가자 (조장/조)
진명교회	광명시 도덕로 29, 2층	배종님 목사	010-2481-0691	1	10월7일 토요일	10월8일 주일	1조
주영빛교회	광명시 도덕로 41, 2층	박찬일 목사	010-2499-5266	1	10월7일 토요일	10월8일 주일	2조
서울새순교회	양천구 오목로 75, B01호	이종성 목사	010-4284-9141	2	10월14일 토요일	10월15일 주일	1조
새언약교회	양천구 오목로 150, 2층	정성철 목사	010-7630-0234	2	10월14일 토요일	10월15일 주일	2조
두드림교회	강서구 까치산로 45, 2층	서윤수 목사	010-8356-9939	3	10월21일 토요일	10월29일 주일	1조
예향교회	양천구 목동중앙본로 28	김상욱B 목사	010-2253-9353	3	10월21일 토요일	10월22일 주일	2조
향기내리교회	광명시 광명로 841, 501호(동진)	김추향 목사	010-3106-4455	4	10월28일 토요일	10월29일 주일	1조
서울 중국인교회	영등포구 대림로 140	최황규 목사	010-9022-7266	4	10월28일 토요일	10월29일 주일	2조

2023전도부흥운동 참가자 조편성

조/조장	명 단(영남연임원/전회장/여전도회/자원성도)	대상교회성도
1조 배정수	이택원, 김한균, 박영규, 고창용, 박성규, 정익화, 정종래/ 전회장 및 자원하는 회원	
2조 이태봉	서창열, 이병호, 박석태, 김성찬, 김상식, 김영삼, 최정태/ 전회장 및 자원하는 회원	

▶ 2023년 10월 7일(토) 하반기 전도부흥운동은 진명교회와 주영빛교회를 시작으로 다시 출발했습니다. 작지만 하나님 보시기에는 결코 작지 않은 교회들이 전도부흥운동으로 힘을 얻고, 하나님 세우신 목적대로 흔들림 없이 하나님 나라를 확장해 나가기를 기도합니다.

Chapter
3

12개 동반성장교회와 함께한 '2023 전도부흥운동'

1. 두드림교회

▶ 섬기는 사람
   담임목사 : 서윤수 목사

▶ 주소 : 서울시 강서구 까치산로 45, 2층

1) 두드림교회 개척과 지역에서의 역할

제가 처음 교회를 개척할 때 계획과 준비를 가지고 하지 않았습니다.

저는 개척할 뜻은 전혀 없었습니다.

기존 교회 담임목사로 들어가서 목회할 계획을 가지고 있었습니다.

그럼에도 담임 목회지를 위해 기도만 하면 자꾸만 개척하라는 마음을 주셨습니다.

꿈을 통해 개척에 대한 싸인을 주시고,

처음 만난 사람이 저에게 개척하라는 말을 하고,

기도하는 가운데 개척에 대한 마음을 뜨겁게 주셔서 부목사 사임을 하고 개척을 하였습니다.

그러다 보니 개척에 대한 준비기간과 계획 없이 시작하였습니다.

개척을 하다가 물질적으로 견디지 못하면 그때 그만 두는 한이 있더라도 일단 순종하자는 뜻으로 시작했습니다.

개척의 어려움 가운데 하나님의 도우심으로 지금까지 교회를 맡아 사역하는 놀라운 은혜를 감당하고 있습니다.

교회 주변 지역을 위해 작게 나마 쓰레기 줍는 것으로 섬기고 있습니다.

지역을 위해 공간이 필요하다면 모임 장소로 평일에 빌려 줄 수 있으니 말씀해 달라 합니다.

2) 두드림교회의 중점사역과 교회성장 계획

두드림교회의 중점사역은 일대일 제자양육을 통해 제자 삼는 사역을 하고 있습니다.

두드림교회는 주일 점심 식사 후 서로 교제 나누는 시간을 오랫동안 가져 성도간에 안부와 기도제목을 나누며 서로 한 가족애를 느끼고 있습니다.

개인적인 성장으로는 일년에 성경일독 운동을 하고 있습니다.

안믿는 가족 전도운동을 위해 기도하며 초청의 날을 가지고 야외예배를 드리며, 함께 먹고 함께 나누는 시간을 가지고 있습니다.

개척교회이다 보니 본교회 성도들이 낙심하여 다른 교회로 나가는 일이 없도록 성도간에 교제와 기도 나눔을 하고 있습니다.

노방전도를 통해 전도운동도 하고 있습니다.

3) 두드림교회와 나누는 전도부흥운동의 은혜

남선교회 연합회가 두드림교회에 와서 전도하고 예배 드려준 은혜로 많은 위로와 힘을 얻었습니다.

마음속으로 늘 전도에 대한 도전을 가지고 있었는데, 전도를 위해 좀 더 각성하는 마음으로 전도하여야겠다는 동력을 심어 주었습니다.

남선교회가 전도하고 다녀간 후에 악착같은 마음으로 좀더 간절한 심정으로 전도을 하고자 하는 열의가 생기게 되었습니다.

어떤 성도분은 전도하는데 써 달라며 전도 물품을 보내 주시기도 했습니다.

예배 시간에 전도 대상자 이름을 불러가며 통성으로 기도하는 시간을 가져 늘 전도에 대한 마음을 가지게 되었습니다.

남선교회 연합회에서 다녀간 후 전도하다가 두 사람이 전도되어 교회 나오는 놀라운 은혜가 일어나기도 했습니다.

[교단총회 전도부흥운동 성과보고서 내용]

구분	내 용
전도 준비	교인 중 전도를 위해 사용 해 달라며 전도 물품을 보내 주신 분도 있습니다. 매 주일 예배 시간에 전도를 위해 통성으로 기도하고 있습니다. 교회 나오지 않는 가족의 이름을 카톡방에 올려 놓고 기도하고 있습니다.
전도 실행	우리 두드림교회는 주일 오전 예배 마치고 전도지와 물티슈를 가지고 노방 전도를 합니다. 교회 가서 식사를 같이 하자고 하여 오시는 분도 1분 계셨습니다. 교회가면 바로 소금을 준다고 하여 받아가라고 해서, 무조건 교회당 안으로 사람을 데리고 오자는 전도를 하고 있습니다. 한 사람을 전도하더라도 전도지 나눠주는 것 말고, 교회당으로 데리고 오는 것에 목적을 두고 노방 전도하고 있습니다.
전도 효과	영등포노회 남선교회에서 두드림교회에 와서 전도하고, 헌신예배를 드리는 모습에 교인들이 적지 않은 충격과 은혜를 받았습니다. 전도를 위한 헌금을 하는 분도 계셨고, 물티슈와 전도지를 매일 들고 다니며 전도하자는 분위기가 교인들 스스로 말하고 전도하는 교회 분위기로 전환 되었습니다.
전도 이후	교회 카톡방에 태신자를 위한 이름을 기록하여 매일 기도하기 운동. 등록한 분은 목사가 4주 교육하고, 바나바 연결된 성도가 선물과 전화 안부 하기. 4주 등록 때 교회에서 준비한 선물 드리기.
전도 계획	지역 사회를 위해 주일예배 후, 수요예배 후 교회 주변에서 한 사람이 열명에게 무조건 전도하기 운동을 하고 있습니다.

4) 두드림교회와 함께하는 전도부흥운동의 현장

2인 1조로 조를 나누어 공원 같은 곳에 가서 복음을 전합니다.

필리핀에서 온 외국인 몇분을 전도하여 교회 나오는 사례도 있었습니다.

한 사람이 노방전도해서 교회 데리고 오는 일이 일어나자 다른 분도 할 수 있다는 자신감을 가지고 전도해야겠다는 믿음이 생기게 되었습니다.

옛날에서는 차, 음료, 과자 전도를 많이 했는데 이제는 복음을 전하는 것에 중점을 두어 전도하고 있습니다.

전도하고 와서 서로 전도한 보고를 하고 마무리 기도하고 마칩니다.

Chapter 3. 12개 동반성장교회와 함께한 '2023 전도부흥운동'

하반기 전도부흥운동을 위한 설문지(두드림교회)

1. 상반기 전도부흥운동을 위해 도입한 EDI전도프로그램과 전도카드는 도움이 되셨는지요?

    저희 교회는 대부분 나이 많은 분들이 있는 교회라 전도카드가 도움 되었다기 보다는 전도 동력을 주었습니다.

2. EDI전도프로그램과 전도카드는 사용하고 계신지요? 전도카드를 별도로 추가 구입해서 사용하셨는지요?

    전도프로그램은 분명하게 교회에 잠자는 전도 운동을 깨워주었습니다.
    전도카드를 사용하기 보다는 이제는 교회 주보를 전도지로 사용하고 있습니다.

3. EDI전도프로그램과 전도카드 사용에 대한 추가 교육을 진행하면 참여하실 수 있는지요? 아니면 우리교회만 별도로 교육해주기를 원한다?

    우리 교회 실정상 전도카드는 잘 맞지 않아서(나이 많은 분들이라서) 전도카드를 사용하는 것 보다 전도하는 것 자체에 큰 의미를 두고 있습니다.

4. 주 중 또는 주 말 전도부흥운동을 자체 계획아래 지속적으로 진행하고 계신지요? 상반기 전도부흥운동 후 전도의 열매는 있었는지요?

    전도부흥운동 후 설교도 기도도 전도에 집중하게 되고 자연스럽게 전도하자는 운동의 열기가 일어나 전도하는 분위기로 가고 있습니다. 교회 가까이서 전도지를 뿌려 교회에 나오신 분은 없지만, 교인 중 집 근처에 사는 분을 전도하여 한 분이 교회에 나왔습니다.

몇 년 동안 전도 한분 안되어 낙심했던 우리 마음에 하나님께서 다른 방법을 통해서 우리 교회에 전도의 은혜를 주시는구나 하고 큰 힘을 얻었습니다.

전도하면 하나님이 다양한 방법을 통해 역사하시는구나를 알고 전도의 힘을 쭉 받고 있습니다. 실질적으로 한 사람이 교회에 나오니 나도 전도하면 되겠다하는 희망이 생기는 분위기가 되었습니다. 몇 년 동안 전도해도 한 명도 오지 않았던 것이 전도부흥운동 후 한 영혼이 교회로 왔다는 것에 놀라움을 금치 못하고 있습니다. 교인들 분위기가 전도에 불을 활활 타오르고 있습니다.

5. 전도를 위해 전도지, 전도물품, 선물 등을 추가로 구입해서 사용하고 계신지요?

저희 교회 성도님 자녀중 회사 물품 중 박스가 손상되어 사용할 수 없는 전자 제품의 다양한 물건을 보내어 주시어 1차, 2차, 3차, 4차로 물건 가격에 따라 나누어 교회 한번 나오면 1차 물품, 2번 나오면 2차 물건을 주어 교회 등록할 수 있도록 적극적으로 사용하고 있습니다.

6. 하반기 전도부흥운동에 가장 필요한 전도용품은 무엇인지요?

예를 들어 1) 전도카드, 2) 전도지, 3) 물티슈, 4) 선물, 5) 현금

전도 물티슈를 사용해 본 결과 지나가는 분들에게 주면 너무 잘 받습니다. 그러나 거기까지입니다. 전도 물티슈는 옆에 있는 대형 교회에서도 많이 나누어주고 있습니다.

전도 물티슈를 뿌리는 것에 만족하는 실정입니다. 그래도 전도하는 운동을 계속 하게 하는 부분에서는 좋은 것 같습니다. 물티슈가 좋습니다.

7. 하반기 전도부흥운동은 주최, 주관부서의 임원회의 후 계획을 확정하여 진행하고자 합니다.

1) 도움이 되어서 교인들과 함께 적극 참여하겠다?

2) 도움 없이 자체적으로 진행하겠다?

2번 -- 저희 교회는 잠자는 전도 운동을 일으키는 동력을 주는 것이 좋았습니다.
       저희 교회 실정에 맞게 주일날 전교인이 전도하는 운동을 하고있습니다.

8. 2024년을 위한 전도사업계획에 대한 질문입니다.

- **금년 상반기 전도사역프로그램을 그대로 반영하면 좋겠다?**

  예. 저희 교회에 오셔서 전도해 주신 사역을 교인들에게 획기적인 사건으로 전도 도전의식을 많이 받았습니다.

- **우리교회는 내년에도 꼭 전도사역을 함께했으면 좋겠다?**

  함께 한다는 것이 참 좋은 것 같습니다.

- **전도프로그램에 대한 별도의 의견이 있다면?(제안해 주세요)**

  전도카드 보다 노회 임원들이 손수 개척교회 현장에 나와서 함께 전도해 주시고, 예배 드려 주는 헌신이 전도에 대한 도전의식을 많이 심어 주었습니다.

2. 새언약교회

하나님을 기쁘시게 세상을 이롭게

▶ 심기는 사람
담임 목사 : 정성철 목사
홈페이지 : sjnc150.icg21.com

▶ 주소 : (우) 08019   서울특별시 양천구 오목로 150 2층(신정동947-2)
☎ 02-2608-8471(교회)   010-7630-0234(담임목사)

1) 새언약교회 개척과 지역에서의 역할

새언약교회가 있는 신정4동 지역은 전형적인 다세대 인구 밀접지역으로 서민층과 젊은 세대 중심의 다세대 가구에 모여 사는 지역으로 초등학교 3개교와 중학교 1개교 고등학교 1개교가 있습니다.

개척 초기(2013년)에는 인구 23,000명이 거주하는 역세권를 낀 작은 동이었으나 신정4동과 신정5동이 합해져 2023년 현재 32,600명의 인구가 거주하는 큰 동이 되었습니다. 신정 4동은 전형적인 역세권을 낀 주거지역으로 인구대비 수급자 및 차상위 계층 인구는 다수 거주하는 곳입니다. (수급자 : 2013년 당시 600가구에서 2023년 현재 1680가구 약 4천명) 또한 역세권이다 보니 2년 계약 이사가구가 많다 보니 이사율이 다소 높은 지역입니다.

새언약교회는 지역내에서 수급자와 고시원 1인 가구 전도를 위해 담임목사가 신정4동 지역사회 보장협의체에 가입하여 활동하면서 어려운 가정들을 돌보고 지원하는 사회복지 활동에 참여하고 있습니다.

첫째, 고시원 1인가구 돌보기 및 지원활동

신정4동 지역은 목동역과 신정역, 그리고 신정네거리역을 끼고 있어 시내 및 교외로 나가는 일용직 노동자들이 많이 거주하는 지역으로 관내에 고시원(28개소)이 있습니다. 고시원의 1인 가구 및 독거인들을 위해 신정4동 방문복지팀과 협력해서 매달 컵라면 400개를 기증하고 방문하여 기도해주고 말벗이 되어주는 활동을 전개하고 있습니다.

둘째, 한부모가정 지원

신정4동에는 초등학교가 3개교, 중학교 1개교, 고등학교가 2개교가 있는 지역으로 한부모 세대가 타 지역에 비해 많은 곳입니다. 매년 5월 가정의 달에 한부모가정의 아이들을 위해 사랑의 치킨셋트 50개를 나눠주고 있으며 성탄절에 아기 예수의 탄생을 함께 축하하고자 크리스마스 사랑의 케잌 40개를 가정에 나눠주고 있습니다.

셋째, 독거노인들 방문복지 활동

독거노인들과 연로하신 지역내 어르신들을 위해 반찬 배달과 병원 동행하기 등의 활동들을 통해 교회와의 친근감을 가지도록 하고 있으며 동사무소와 연계하여 필요한 독거노인 가정에 차량지원 활동 등을 하고 있습니다.

새언약교회는 지역내에서 친근감과 유대감을 가지기 위한 활동들을 펼치고 있으며 매주 토요일 교회 앞 길거리 노방전도 활동들을 통해 복음을 전하고 있으며 초등학교 앞 쓰레기 줍기와 교통안전 활동 지원 등으로 지역주민들이 친근하게 다가올 수 있도록 활동들을 전개하고 있습니다.

그 결과 지난 2021년에는 양천구 모범구민상을 수상하고 2022년에는 양천구 모범 기부자 표창장을 수여 받았습니다.

2) 새언약교회의 중점사역과 교회성장 계획

중점시행사업		구체적인 계획안
전도중심	노방전도	슬러쉬전도법, 건빵전도, 솜사탕전도법, 부침개전도 (매주 토요일 교회 앞 노방전도)
	관계중심전도	오이코스전도, 해피데이 전도법
	섬김과 나눔	무의탁 가정 및 노인섬김 봉사, 반찬 서비스 병원 동행 서비스, 한부모가정 선물제공 크리스마스 사랑의 케잌 나누기 고시원 컵라면 무료나눔
	지역사회 봉사	양천효요양병원봉사 및 노인정 봉사 학교 앞 교통 안정 활동

현재 새언약교회에서는 매주 토요일 교회 앞 노방전도를 실시하고 있으며 매년 봄 부활주일 총동원 출석 주일과 가을 추수감사주일 총동원 주일로 섬기며 1인 1명 전도운동을 실시하고 있습니다.

교회 부흥과 전도를 위한 노방전도 실시 (매주 토요일 오후2시 교회 앞)
2023년 새언약교회 전도구호 - "딱 한명만 전도합시다"

2020년 이후 전도 현황
2020년 전도인원 : 5가정 7명   2021년 전도인원 : 2가정 5명
2022년 전도인원 : 5가정 5명   2023년 전도인원 : 1가정 1명

3) 새언약교회와 나누는 전도부흥운동의 은혜

[교단총회 전도부흥운동 성과보고서 내용]

구분	내 용
전도 준비	매주 토요일 교회앞 노방전도를 위해 3개조로 구분하여 조별로 준비. 교인 각자가 관계 전도자를 파악해서 제출하고 함께 기도함. 교회 노방전도를 위해 전도건빵 600개 준비, 물티슈 1000개 준비, 달고나셋트 준비, 어린이 전도 솜사탕200개 준비, 매실음료(500리터 30개 준비)
전도 실행	노방전도를 매주 교회 앞과 지하철역 입구에서 실시하고 있음(건빵, 물티슈, 음료제공 등) 교인 관계전도 태신자들에게 사랑의 문자 및 생일 축하 커피음료 쿠폰제공 매주 유튜브 예배영상 보내기
전도 효과	2023년 2명의 새신자가 등록 및 출석 중. 전교인이 함께 전도에 대한 사명감 고취 및 할수 있다는 자신감 고취 주변에 늘 전도하는 교회라는 인식과 활발한 전도활동으로 복음전파사역 감당 '전도는 사명이자 하면 열매가 있고 안하면 없다'는 생각으로 지속적인 전도활동을 다짐함
전도 이후	문자 메시지를 통한 교회 예배안내 및 생일축하 문자 및 예배영상 제공 기념일 선물제공 및 기도문자 안내
전도 계획	(앞으로 전도를 위해 우리교회는 또는 나는 무엇을 할 것인가?) 전도는 지속성이 생명이라는 생각으로 한 명이 됐든 두 명이 됐든 매주 토요일 꾸준히 노방전도를 실시하고 복음의 열정을 가지고 가가호호 전도지 제공을 통해 태신자를 찾아내고자 합니다. 또한 어린이 청소년 전도를 통해 부모들과의 접촉점을 찾아 지속적으로 태신자를 관리하고자 합니다.

4) 새언약교회와 함께하는 전도부흥운동의 현장

Chapter 3. 12개 동반성장교회와 함께한 '2023 전도부흥운동'

하반기 전도부흥운동을 위한 설문지(새언약교회)

1. 상반기 전도부흥운동을 위해 도입한 EDI전도프로그램과 전도카드는 도움이 되셨는지요?
   전도동력 향상에는 도움이 되었습니다.

2. EDI전도프로그램과 전도카드는 사용하고 계신지요? 전도카드를 별도로 추가 구입해서 사용하셨는지요?
   카드전도는 실시하고 있지만 추가구매는 하지 않았습니다

3. EDI전도프로그램과 전도카드 사용에 대한 추가 교육을 진행하면 참여하실 수 있는지요?
   아니면 우리교회만 별도로 교육해주기를 원한다?
   글쎄요 생각해보겠습니다

4. 주 중 또는 주 말 전도부흥운동을 자체 계획아래 지속적으로 진행하고 계신지요? 상반기 전도부흥운동 후 전도의 열매는 있었는지요?
   격주로 노방전도 실시하고 있습니다. 상반기 2명 등록했습니다

5. 전도를 위해 전도지, 전도물품, 선물 등을 추가로 구입해서 사용하고 계신지요?
   네 전도지와 물품(솜사탕) 구입해 사용 중입니다

6. 하반기 전도부흥운동에 가장 필요한 전도용품은 무엇인지요?
   예를 들어 1) 전도카드, 2) 전도지, 3) 물티슈, 4) 선물, 5) 현금
   전도지, 물품, 현금

7. 하반기 전도부흥운동은 주최, 주관부서의 임원회의 후 계획을 확정하여 진행하고자 합니다.
   1) 도움이 되어서 교인들과 함께 적극 참여하겠다?
      네
   2) 도움 없이 자체적으로 진행하겠다?

8. 2024년을 위한 전도사업계획에 대한 질문입니다.
   - 금년 상반기 전도사역프로그램을 그대로 반영하면 좋겠다?
     네—좋습니다
   - 우리교회는 내년에도 꼭 전도사역을 함께했으면 좋겠다?
     네 함께하겠습니다
   - 전도프로그램에 대한 별도의 의견이 있다면?(제안해 주세요)

3. 향기내리교회

▶ 섬기는 사람들 :
   담임목사 : 김추향 목사
   전도목사 : 오윤숙 목사

▶ 주소 : 광명시 광명로 841, 501호(동진)

1) 향기내리교회 개척과 지역에서의 역할

이사야 60장 1절에 "일어나 빛을 발하라"라는 하나님의 음성을 듣고 목사가 되었다. 어느덧 35년이 지난 어느 날 개척하고 머문 곳이 바로 경기도 '광명'시였다. "그의 영광이 네 위에 나타나리니 나라들은 네 빛으로, 왕들은 비치는 네 광명으로 나아오리라"(3절)

그랬다. 하나님은 이미 33년 전에 "너는 광명에 있으리라"라는 음성을 주셨던 것이다.

개척교회와 창립예배 모습

① 향기내리교회 개척

"재개발지역에서는 개척교회를 하지 말라"는 암묵적인 선배의 권고를 무시하면서까지 "나는 다르다!"라는 신앙고백으로 2011년 7월 경기도 광명시 재개발지역에 개척교회를 세웠다.

개척 당시 권사님과 성도들은 나름대로 기도를 통해 "수많은 사람들이 교회에 찾아와 예배 드리는 모습을 보았다"는 등 교회가 부흥하는 모습을 앞다퉈 이야기했다. 그것은 바람이었고 꿈에서 본 수많은 사람은 지금까지 보지 못하고 있다.

수천장의 전단지로 전도를 또 아침마다 특별히 제작된 전도카드로 전도를, 발혈 치유 봉사로 노인정에서 예배도 드리고 전도를 했지만 기대 이상의 부흥은 일어나지 않았다.

그렇게 3년의 시간이 흘렀지만 큰 변화는 일어나지 않았다.

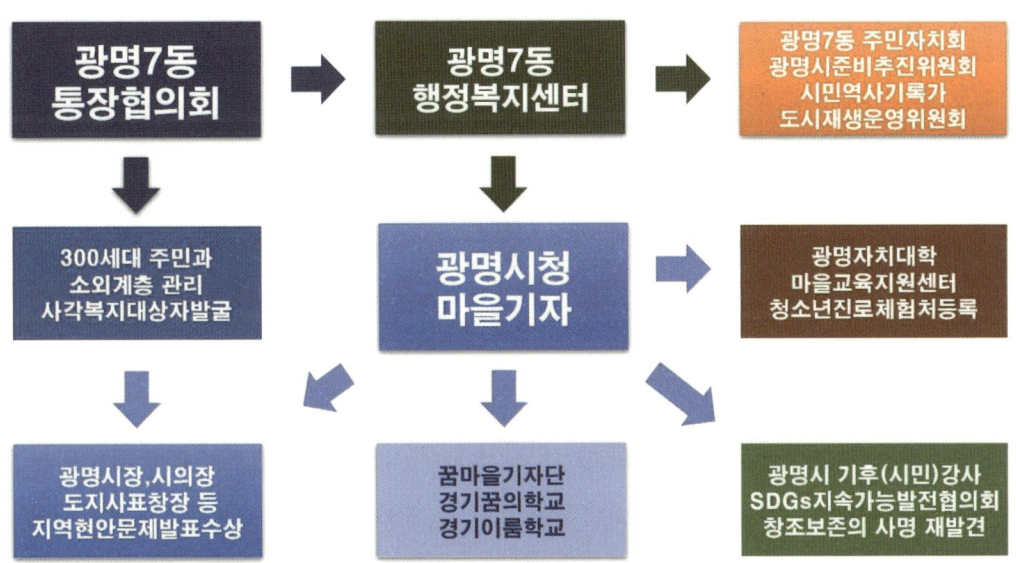

통장사역으로 부터 시작된 지역선교 관계도

② 지역선교의 마중물이 된 통장

전도를 하던 중에 통장모집 현수막을 보았다. "이것이 교회가 나갈 사역이 되겠구나"라고 느낌이 왔다. 그 느낌은 틀리지 않았다. 통장사역을 하면서 가장 눈에

띈 것은 3년 동안 아침에 전도를 하면서 아는체 하는 사람이 없었는데 통장을 맡은지 무려 3개월도 되지 않아 전도할 때면 먼저 와서 인사하는 주민이 생겼다는 것이다.

300세대 가까운 주민들과 십여 명의 수급자와 복지사각지대 주민들을 케어하는 일은 13년 동안 이장을 해 오셨던 아버지의 영향으로 그리 어렵지 않았다. 후에 좋은 목사님이라고 소문이 나기 시작했다.

복지사각지대에 있던 가정을 도와 주었는데 우리 교회에 나오겠다고 방문하는 등 지역선교의 열매를 거두게 되었다.

무엇보다 통장사역이 지역선교를 하는데 마중물이 될 줄은 당시에는 상상을 못했다. (마중물 : 펌프질을 할 때 물을 쉽게 끌어올리기 위해 부어주는 한 바가지의 정도의 물을 말한다.)

통장사역을 통해 주민뿐만 아니라 행정복지센터로 부터 인정을 받게 되었고 섬김과 도움의 교회로서 지역선교 교회로서 우뚝서게 되었다. 2년 뒤에 행정복지센터 추천으로 광명마을기자로 활동하게 되었다.

마을기자로 활동하면서 지역선교 영역을 더 넓어지게 되었다. 광명시 전역을 둘러보고 정책적으로 도움을 주는 일을 해 나가게 되었다. 주민을 섬기는 통장사역의 마중물은 이제 광명시 마을기자로, 주민자치회로, 광명시SDGs 지속가능발전협의회로, 청소년교육관련 마을교육지원센터 센터장으로 그 지경을 점점 넓혀주고 있다.

지역선교를 통해 ▶광명지역문제발굴 및 대안발표(최우수상) ▶광명시장 박승원 표창장(2018년, 2023년) ▶경기도지사 이재명 표창장(2021년) ▶광명시의장상 안성환 표창장(2022년) ▶국회의원 양기대 감사장(기자부분-2023년) 등 수상을 통해 지역선교의 열매를 맺고 있다.

최근 기후위기로 어려움을 겪고 있는 지구와 마을을 위해 '학교와 지역과 단체' 등 환경강사로 30회 이상 강의를 통해 창조보존의 사명을 다하고 있다.

재개발로 인하여 이전한 향기내리교회

2) 향기내리교회의 중점사역과 교회성장 계획

향기내리교회는 2019년 재개발지역으로 인하여 이전하게 되었고 유동인구가 많은 전통시장과 국민은행, 농협, 학교, 교육청 등 주요 관공서에 위치해 있다.

특히 교회 주변은 한참 아파트 공사중이다. 10구역 200세대, 11구역 2,000세대, 14구역 1,000세대, 15구역 1,500세대, 16구역 2,000세대 등 총 7,000세대가 공사 및 입주할 예정이다.

본 교회는 코로나19로 인하여 또 4차산업혁명 시대와 영성 시대에 맞게 미래지향적인 중점사역을 수정 보완하여 교회 성장을 꿈꾸기로 했다.

본 교회는 C-SDGs목회전략을 세워 일회성이 아닌 지속가능 발전하는 교회를 세우고자 한다. 하나님의 말씀과 사랑으로 감동과 기적이 일어나는 지속 가능 발전하는 교회가 되기로 소망한다.

또 C-SDGs 목회실천 3개 영역 선교사역 즉 ①말씀선교 ②지역선교 ③환경선교 중심으로 목회실천을 할 계획이다. 특히 마을교육지원센터를 통해 마을 진로·환경·노인 교육 선교를 이루는 교회가 되도록 노력하고자 한다.

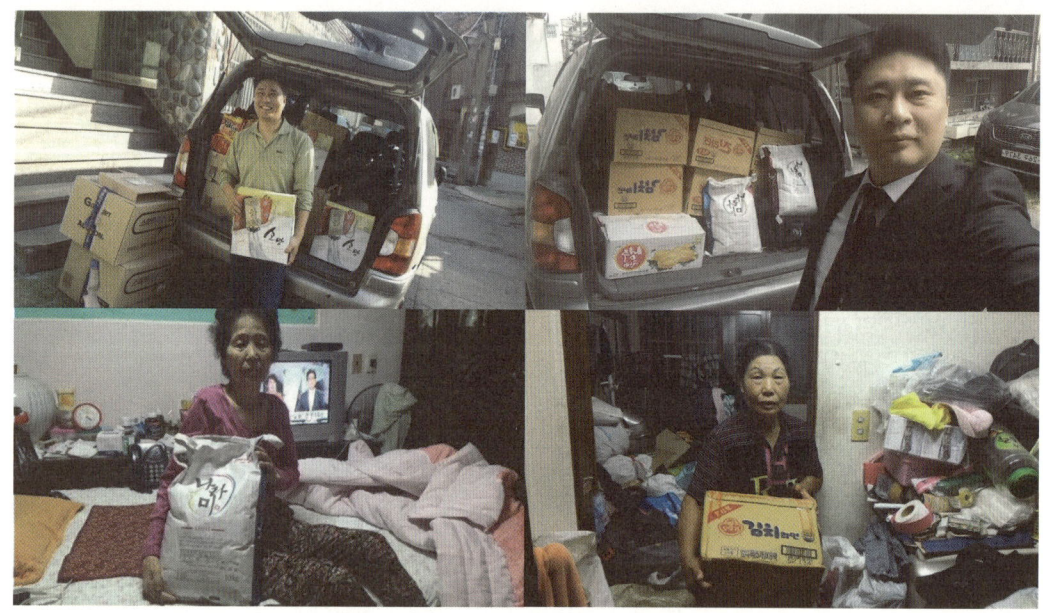

마을수급자를 돕는 교회

3) 향기내리교회와 나누는 전도부흥운동의 은혜

　전도는 반드시 해야 한다. 다만 맹신적인 믿음으로 준비없이 전도를 한다는 것은 무의미하다고 생각이 든다. 기도하면서 우리 교회에 맞는 전도방법을 찾아봐야 하겠다. 하루 아침에 이루어지는 것은 없다. 내가 잘하는 것으로 내가 가진 달란트로 전도를 하는 것이 성장 스트레스와 우울증에서 벗어 날 수 있는 길이라고 본다.

　통장을 열심히 하니까 성도들이 나왔다. 전단지를 돌렸더니 한 분이 교회에 나왔고 내 가족처럼 돌봤더니 한 가정이 교회에 나왔다. 노방전도 중 교회 간판 이름이 이쁘다고 교회에 나왔다. 어린이전도협회 새소식반을 통해 매주 토요일 전도를 했더니 주일학교가 생겼다. 주민자치회 위원들이 교회행사 때에 참석한다.

　마을사역을 하니까 목사인 줄 몰랐다며, 마을을 위해 수고한다며 존경한다고 말했다. 목사님이 저의 동에 계셔서 행복하다는 등 이제는 주민들이 우리 목사님이라고 말하며 처음 만나는 주민에게도 "우리 목사님 교회 다니라"고 말해준다.

　사실 어떤 목적을 두고 접근하지 않고 늘 섬기고 도와주고 희생하다보니 지역주민들이 알아주는 것 같다. 사실 나쁜 이미지로 남지 않고 좋은 목사로 지역에 남아 그 자체만으로 의미를 느끼고 있다.

바람이 있다면 이제 지역선교를 통해 성장과 열매를 거두었으면 하는 소망이 있다. 선한 행실로 인하여 주께 돌아오는 자들이 있다면 더 이상 큰 바람이 없을 것 같다.

머지않아 이런 꿈이 이루어지고 녹회자와 사역자들이 함께 은혜 나누는 모습을 그려보고 싶다.

[교단총회 전도부흥운동 성과보고서 내용]

구분	내 용
전도 준비	향기내리교회는 세례교인 19명 정도이지만 주일평균 출석은 8-9명 정도 됩니다. (참고로 교회이전 교회는 출석교인 15명 이상, 학생부 15명이상 출석 하였습니다.) 하지만 재개발로 인하여 교회는 현재 있는 교회로 이전을 했습니다. 이전과 동시에 코로나19가 발생하여 있었던 학생부가 사라졌고 열심이던 성도 일부가 먼 곳으로 이사를 감으로 나오지 않음으로 성도가 줄어든 상태입니다. 나름 교회 부흥을 위해 노력하고 있지만 맘대로 되지 않았으나 노회 에디전도대회를 통해 희망을 갖고 교회물티슈와 교회홍보전단지, 모바일상품권 등을 준비하였습니다. 권사님과 함께 기도하고 주민들에게 전달할 전도용품을 5시간을 걸쳐 준비를 했습니다.
전도 실행	국내선교부와 동반성장위원회 및 남선교회의 전도연합사업인 에디 프로그램을 통해 전도를 했습니다. 이외 노회에서 전도할 수 있도록 교회홍보전단지, 물티슈, 에디프로그램, 전도명함 등 전폭적인 지원을 해 주었습니다. 전도용품을 들고 3개조로 나누어 길거리에서, 정류장에서, 광명사거리와 시장주변, 교회 빌라주변에서 사람을 만나 전도용품을 전했습니다.
전도 효과	당일 두 곳에서 연락이 와서 모바일 상품권을 드리고 교회를 소개하였습니다. 또 권사님들이 매주 토요일마다 전도하자고 해서 전도를 실시하고 있습니다. 전도 분위기가 조성이 되었고 관심을 갖는 주민들이 늘어났습니다.
전도 이후	현재 에디 프로그램을 통해 또 일반 전도를 통해 총 6명의 전화연결이 되었습니다. 이들에게 모방일 상품권을 지급하면서 교회용 영상을 매주 금요일마다 보내드리고 있습니다. 또 본 교회 청년의 도움으로 유튜브 채널을 개설하고 짧은 영상 설교를 편집해서 매주 게시하고 있습니다. 이 영상은 교회를 안 다니는 친척들, 주민들, 지인, 지역주민들에게 알리고 교회에 관심갖도록 하고 있습니다.
전도 계획	노방전도로 전도를 할 수 있지만 앞으로 관계전도 특히 지역간 주민과의 만남이 더욱 중요하다고 생각하여 통장협의회를 통하여, 주민자치회 활동을 통하여 마을 사람을 알아가려고 합니다. 또한 교회는 섬김과 동시에 도움을 주는 역할을 할 수 있도록 마을기자 활동으로 또 광명시 지속가능발전 협의회 활동을 통해 향기내리 교회를 알리고 지역전도에 힘쓰려고 합니다.

4) 향기내리교회와 함께하는 전도부흥운동의 현장

하반기 전도부흥운동을 위한 설문지(향기내리교회)

1. 상반기 전도부흥운동을 위해 도입한 EDI전도프로그램과 전도카드는 도움이 되셨는지요?
   큰 도움은 되지 않았지만 전도에 대한 새로운 방법을 시도함으로 우리 교회에 맞는 전도방법을 생각하게 히였다.

2. EDI전도프로그램과 전도카드는 사용하고 계신지요? 전도카드를 별도로 추가 구입해서 사용하셨는지요?
   에디 전도카드를 보완해서 구글폼을 이용한 명함 카드를 제작하여 사용해 보았다. 비슷한 효과를 거두었고 무엇보다 아이들 타켓으로 전도카드를 활용할 계획을 가지고 있다.

3. EDI전도프로그램과 전도카드 사용에 대한 추가 교육을 진행하면 참여하실 수 있는지요? 아니면 우리 교회만 별도로 교육해주기를 원한다?
   에디 전도카드에 대한 이해도가 높은 성도는 없다. 나중에 적합한 성도가 있을 때 진행해보고 싶다.

4. 주 중 또는 주 말 전도부흥운동을 자체 계획아래 지속적으로 진행하고 계신지요? 상반기 전도부흥운동 후 전도의 열매는 있었는지요?
   열매는 없지만 전도부흥운동 후 권사님들이 전도를 시작하게 되었다.

5. 전도를 위해 전도지, 전도물품, 선물 등을 추가로 구입해서 사용하고 계신지요?
   권사님들이 매주 토요일마다 전도함으로 전도 물티슈가 부족해서 한번 시킨적 있다.

6. 하반기 전도부흥운동에 가장 필요한 전도용품은 무엇인지요?
   예를 들어 1) 전도카드, 2) 전도지, 3) 물티슈, 4) 선물, 5) 현금
   전도할 때 쓰는 전도 물티슈와 전도지, 이어 선물을 구입할 수 있는 재정 지원이 필요하다
   재정이 없으면 매주 하는 전도도 중단 될 것 같다.

7. 하반기 전도부흥운동은 주최, 주관부서의 임원회의 후 계획을 확정하여 진행하고자 합니다.
   1) 도움이 되어서 교인들과 함께 적극 참여하겠다?
      함께 참여하겠다.

8. 2024년을 위한 전도사업계획에 대한 질문입니다.
   – 금년 상반기 전도사역프로그램을 내년에도 그대로 반영하면 좋겠다?
      에디 전도카드를 제외하고 그대로 전도사역 프로그램으로 진행하겠다.

   – 전도프로그램에 대한 별도의 의견이 있다면?(제안해 주세요)
      1) 동반성장위원회 속한 교회와 기도처 등 원하는 교회에 한하여 전도물품과 전도지, 물티슈, 전도활동선교비 등을 지원해 주었으면 좋겠다.
      2) 토요일 전도대회가 1회 행사로 멈추지 말고 한달정도 꾸준히 전도에 참여해 주었으면 좋겠다.
      3) 주일날 참석하는 것도 한번이 아닌 최소 한 달 여러명이 같이 참석하여 예배를 드렸으면 좋겠다.
      4) 전도프로그램 대상이 여러 교회가 아닌 한 두 교회라도 집중적으로 케어하여 전도프로그램 모델사례 교회가 나왔으면 좋겠다. 그러면 노회원도 적극적으로 지지하지 않을까 생각해 본다.

4. 예향교회

▶ 섬기는 사람 : 담임목사 김상욱 목사

학력 : 2002년 호남신학대학교 신학과 졸업
2003년 조선대학교 국어국문학과 대학원 석사 졸업
2007년 호남신학대학교 신학대학원(M.div) 졸업
2012년 kernel Global University D.Cc. 수료
2022년 장로회신학대학교 기독교와 사회대학원 상담심리학 석사 졸업
2023년 (미)코헨대학교 뇌과학심리상담 박사 학위 논문심사 中

약력 : 2004년 광주복지선교교회 전임전도사
2007년 속초중앙교회 부목사
2009년 고양시 화전교회 부목사
2011년 서울 영서교회 부목사
2018년 개척 후 현재 예향교회 담임목사

▶ 주소 : 서울시 양천구 목동중앙본로 28

1) 예향교회 개척과 지역에서의 역할

▶ GodLand Farm (하나님의 땅 농장)

교회는 하나님의 땅입니다.

아무리 좋은 씨앗도 열매도 땅이 좋지 않으면 좋은 결실을 할 수 없습니다.
땅이 오염되거나 온갖 폐기물로 덮여 있으면 생물이 정상적으로 자랄 수가 없습니다.
좋은 땅은 생물이 잘 자라고 열매도 잘 맺게 됩니다.
하나님이 함께 하시며 하나님께서 운영하신 하나님의 땅,
*GodLand*는 생명이 자라고 생명의 열매를 맺습니다.
그래서 사람은 교회에서 자라고 배워야 합니다.
환경이 달라지면 사람도 바뀝니다.

오염되지 않고 살아 숨쉬는 하나님의 땅, 교회는 *God Land* 입니다.
생명이 있고, 회복이 있고, 쉼이 있는 풍성한 열매를 맺는 교회입니다.

교회는 하나님의 농장입니다.
신기하고 귀한 생물과 열매가 풍성하게 자라고 있습니다.
그 이유는 부지런한 농장주인 하나님께서 먹이고 입히고 가꾸어 자라게 하시기 때문입니다.
웃음꽃이 피게 합니다. 기쁨의 열매를 맺게 합니다.
그것이 농장의 주인되신 하나님의 기쁨이기 때문입니다.

지금 당신은 오염되고 죽어가는 땅에서 허덕거리고 있지 않으십니까?
GodLand Farm 으로 오십시오
소풍처럼 행복하고 가고 싶은 교회, *GodLand Farm* 으로 오십시오.
오염된 당신의 인생의 땅에서 모든 걸 소진하고 후회하기 전에 하나님의 땅, 농장으로 나오십시오.
하나님은 당신을 축복하며 환영하십니다.

2) 예향교회의 중점사역과 교회성장 계획

▶ 예향교회의 중점사역은 예수그리스도가 주인인 공동체를 이루는 것이다
　교회는 공동체 한 몸이다
　공동체 한몸을 이루는 것은 사랑이다.
　공동체 한몸을 이룬 사랑은 첫째, 하나님 사랑이다. 둘째, 목회적 사랑이다.
　셋째, 성도간에 교제의 사랑이다
　교회와 이웃을 살리는 길은 사랑의 헌신뿐이다.
　예수님의 인류를 살리는 사랑은 오직 희생과 헌신 뿐 이었다
　교회공동체의 힘은 사랑이고 사랑은 오직 희생과 헌신 뿐 이다.

▶ 교회 성장계획
　첫째, 기쁨으로 예배에 참여하여 말씀으로 살아나는 예배자가 된다.
　둘째, 성경적 가치관으로 삶의 변화를 추구하는 신앙인격자가 된다.

셋째, 교회와 이웃을 사랑으로 섬기는 헌신된 사역자가 된다.
넷째, 예배자, 인격자, 사역자의 가장 기본 공동체는 가정이 된다.

교회는 예수님이 설립하셨고 음부의 권세가 결코 이길 수 없는 공동체입니다 [마 16:18]

교회는 예수님이 교회의 머리가 되시고 주인이시며 유일한 선한 목자이심을 믿는 공동체입니다 [요 10:11]

교회는 예수 그리스도만 드러내는 공동체입니다 [엡 1:23]

교회는 세상속에서 소금과 빛의 기능을 하며 하나님께서 영광을 돌리는 공동체입니다 [마 5:13]

교회는 속한 지역뿐만 아니라 세계를 대상으로 복음을 전파하는 사명을 가진 공동체입니다 [마 28:19-20]

교회는 예수님이 보여주신 섬김의 도를 체질화 하려고 노력하는 교회입니다

GodLand Farm 예향교회는 자신을 낮추는 겸손을 추구하는 공동체입니다 [빌 2:5-11]

GodLand Farm 예향교회는 발을 씻어주는 섬김을 추구하는 공동체입니다 [요 13:14]

GodLand Farm 예향교회는 십자가의 희생을 추구하는 공동체입니다 [눅 9:23]

GodLand Farm 예향교회는 작은자를 섬기는 일에 최선을 다하는 공동체입니다 [마 25:40]

GodLand Farm 예향교회는 모든 직분이 섬김을 위한 것임을 아는 공동체입니다 [엡 4:12]

3) 예향교회와 나누는 전도부흥운동의 은혜

[교단총회 전도부흥운동 성과보고서 내용]

구분	내 용
전도 준비	교회 개척한지 3년 조금 넘은 부족함이 끝이 없는 작은 교회이고 미자립교회입니다. 개척 시작과 동시에 코로나로 너무도 어렵고 힘든 시간이었습니다. 무엇보다도 교회가 제한된 예배와 마음껏 전도를 할 수가 없는 상황이라는 것이 개척교회의 가장 큰 고립과 동시에 힘든 시간이었습니다. 서서히 시간은 흐르고 코로나 이유로 사람들과 접촉과 축호전도등이 시도조차도 힘든 여건이 되어버렸습니다. 어느덧 할 수도 없고, 해도 안된다는 불신이 자리잡고 나를 지배하기 시작했습니다. 그동안 쌀 전도(2kg 50개)를 나누면서 전도를 해왔지만 열매를 맺지 못하고 있었습니다. 이제 코로나패스 시대를 선포하고 마스크를 해제하는 정부정책이 발표되었지만 개척교회의 실정은 전도의 시작을 어떻게 하나 막연한 상태였습니다.
전도 실행	5월 13일 토요일에 국내선교부와 동반성장위원회, 평신도위원회가 주최하고, 남선교회연합회가 주관하여 진행하는 주말전도대회를 시작하여 남선교 회원 6명과 교회성도 7명이 함께 조를 나눠 전도를 시작하였습니다. 전도띠를 두르고 힘찬 구호와 함께 전도를 나간다는 것이 참으로 감격스러웠고 침체되었던 영적 마음까지 회복되는 힘을 얻게 되었습니다. 시작이라는 것이 이렇게 큰 힘을 주는 것이라는 것을 다시 한번 느끼며, 매주 수, 토요일 지역 전도를 시작하고 있습니다. 전도의 불이 꺼져 갈 때 원불을 지원한다는 것이 작은 것 같지만 결국은 교회를 살리고 영혼을 살리는 일이라는 것이 느껴졌습니다.
전도 효과	일시적으로 숫자가 늘어나거나 새신자가 들어오지는 않았습니다. 하지만 개척교회 사역의 큰 힘을 주는 원동력이 되는 것은 확실한 결과입니다. 한사람이 귀하고 외롭고 쓸쓸한 개척교회에 노회나 연합회의 지체들이 함께 해주시는 것만으로도 큰 힘이 되고 격려가 되는 일인데 전도물품 지원과 전도 플랫폼까지 지원하며 전도하는 것은 개척교회 사역자에게 너무도 큰 힘이 되는 것이었습니다. 어떻게 할 수가 없는 상태에서 자연스럽게 전도할수 있는 교회로 만들어 주게 된 것입니다. 대부분 미자립교회들이 당연히 전도해야 하고 전도하고 있겠지만 구체적이지 못하고 이또한 지속적이지 못하는 실정일 것입니다. 그런데 이러한 전도대회가 주는 효과는 지속적으로 전도할수 있는 시스템을 마련해주는 결과를 주게 된 것입니다.
전도 이후	일회적으로 끝나서도 안되고 행사로 끝나서도 안됩니다. 한 영혼이라도 구원받기 위해 연결된 태신자는 하나님께서 보내주신 영혼이라 믿고 관리하겠습니다. 먼저 전도 플랫폼 에디프로그램에 관리시스템이 잘되었습니다. 에디 플랫폼을 통해 꾸준히 복음 영상을 전해주고 마음을 열도록 피드백합니다. 교회출석이 가능할 때는 교회 태신자 정착 프로그램 산상수훈 100독하기로 신앙기초양육으로 관리하겠습니다.
전도 계획	전도플랫폼 에디를 통해 교회주변 학원가 학생들에게 sns전도를 하고자 합니다. 중고등학생들이 주변에 많은 편입니다. 에디플랫폼을 잘활용하여 sns가 활성화 되면 "뇌과학, 뇌상담을 통한 학업에 열중하기" 프로그램을 접목하고자 합니다. 잠자는 뇌를 깨우고 각인된 뇌를 각성시켜주는 뇌 피드백을 통한 전도프로그램입니다. 학부님들에게도 연계할 수 있도록 계획하고 있습니다. 꾸준한 노방전도와 물티슈와 복음전도지를 전하는 지역전도는 동일하게 하고 있습니다. 영등포노회 전도대회가 그리 쉬운일은 아니겠지만 일회성으로 끝나지 않고 지속되어 미자립교회의 부흥의 씨앗이 되어 주시길 간절히 바라며 이렇게 전도의 문을 열게 해주신 것에 감사를 드립니다.

4) 예향교회와 함께하는 전도부흥운동의 현장

하반기 전도부흥운동을 위한 설문지(예향교회)

1. 상반기 전도부흥운동을 위해 도입한 EDI전도프로그램과 전도카드는 도움이 되셨는지요?
   많이 도움이 됩니다. 전도영상 다양성 추가 필요합니다

2. EDI전도프로그램과 전도카드는 사용하고 계신지요? 전도카드를 별도로 추가 구입해서 사용하셨는지요?
   추가 구입 예정입니다.

3. EDI전도프로그램과 전도카드 사용에 대한 추가 교육을 진행하면 참여하실 수 있는지요? 아니면 우리교회만 별도로 교육해주기를 원한다?
   추가 교육에 참석하겠습니다.

4. 주 중 또는 주 말 전도부흥운동을 자체 계획아래 지속적으로 진행하고 계신지요? 상반기 전도부흥운동 후 전도의 열매는 있었는지요?
   진행 중입니다만 지속적으로가 어렵습니다.

5. 전도를 위해 전도지, 전도물품, 선물 등을 추가로 구입해서 사용하고 계신지요?
   추가 구입 예정입니다.

6. 하반기 전도부흥운동에 가장 필요한 전도용품은 무엇인지요?

　예를 들어 1) 전도카드, 2) 전도지, 3) 물티슈, 4) 선물, 5) 현금

　　1) 전도카드, 2) 물티슈 입니다.

7. 하반기 전도부흥운동은 주최, 주관부서의 임원회의 후 계획을 확정하여 진행하고자 합니다.

　1) 도움이 되어서 교인들과 함께 적극 참여하겠다?

　　　적극 참여하겠습니다.

　2) 도움 없이 자체적으로 진행하겠다?

8. 2024년을 위한 전도사업계획에 대한 질문입니다.

　- 금년 상반기 전도사역프로그램을 그대로 반영하면 좋겠다?

　　좋겠습니다.

　- 우리교회는 내년에도 꼭 전도사역을 함께했으면 좋겠다?

　　좋겠습니다.

　- 전도프로그램에 대한 별도의 의견이 있다면?(제안해 주세요)

　　개척교회와 미자립교회 연합으로 순회 전도를 주관해주셔도 좋겠습니다.

　　개척교회에서 전도는 거의 목회자 부부나, 사모가 직장생활하는 경우는 목회자 혼자인 경우가 많습니다. 단 몇사람이라도 연합하면 전도가 쉽지 않게 되어 큰 힘이 됩니다.

　　이 모든 수고에 감사를 드리고

　　하나님의 부흥의 불길이 임하길 간절히 기도합니다

　　영등포노회 모든 교회가 전도부흥이 일어나길 기도합니다

5. 선민교회

▶ 섬기는 사람들
　담임목사 : 유성재 목사
　사　모 : 이영란
　성　도 : 유주희, 정영호, 유찬혁, 이건호, 이만수, 김재순, 이미란, 이영진,

▶ 주소 : 서울시 구로구 중앙로 5길 62

1) 선민교회 개척과 지역에서의 역할

선민교회는 2016년부터 가족 4명을 중심으로 시작했으며, 현재 10명 내외로 예배를 드리고 있습니다.

매일 부르짖고 기도하면서 지역복음화를 위해 노력하고 있습니다.

우리교회는 소수의 인원이기에 한가족 처럼 말씀을 나누며 서로 교제하는 믿음의 공동체입니다.

비록 적은 능력일지라도 공동체의 어려운 형제를 돕는데 최선을 다하고 있습니다.

앞으로 우리교회는 지역사회의 어려운 이웃들을 향하여 점차적으로 손을 펴 나갈 것입니다.

2) 선민교회의 중점사역과 교회성장 계획

선민교회의 중점사역은 신.구약 66권에서 말씀하시는 삼위하나님에 대하여 올바르게 전하는 데에 있습니다. 그러기 위하여 철저히 성경본문을 연구하고 성경본문 중심으로 설교하고 가르치는데 중점을 두고 있습니다.

우리나라에 수많은 교회가 있고 교인수도 많은데, 어찌된 일인지 세상은 점점 더 어두워져 가고 있습니다. 믿는 교인들 중에 교회를 떠나고, 이단에 빠집니다. 교회는 세상으로 부터 외면을 당하고 있습니다.

왜 그럴까요? 하나님의 말씀인 성경을 정확히 알지 못하기 때문입니다.

그리스도인으로서 가장 기본적인 '예수님을 왜 믿는가?' 예수를 믿는 목적부터

가 잘못되어 있습니다. 그리고 '예수를 믿으면 구원받는다.'고 하는데, '예수를 믿는다'는 것이 무엇인지를 잘 모르고 있습니다. 많은 교인들이 잘못된 기초위에 믿음의 터가 세워져 있기 때문에 무너지고 있습니다.

그러므로 저의 목회계획은 성도들의 숫자에 연연하질 않습니다. 단 몇 명이라도 하나님의 말씀 위에 바로 세워져서, 그들이 모두 하나님으로 부터 의롭다함을 받고, 예수그리스도의 제자로서 하나님과 화평을 이루는 삶을 살아가도록 하는데 있습니다.

선민교회가 초대교회처럼 사도들의 가르침을 받아 서로 교제하며 떡을 떼며 기도하기에 전혀 힘쓰는 교회가 될 수 있도록 기도해 주시면 감사하겠습니다.

3) 선민교회와 나누는 전도부흥운동의 은혜

[교단총회 전도부흥운동 성과보고서 내용]

구분	내 용
전도 준비	*2주일간 매일 저녁마다 1시간정도 기도로 준비하였습니다.
전도 실행	*노회 남선교회연합회 주관 전도대회 이후 매주 1회 노방전도를 시행하고 있습니다.
전도 효과	*아직 뚜렷한 결과는 없지만, 성도들이 전도하고자 하는 열망은 살아나고 있습니다. 꾸준히 씨앗을 뿌리려고 합니다. 언젠가 싹이 나오리라 믿습니다.
전도 이후	*담임목회자가 직접 상담하고 관리하려고 합니다.
전도 계획	*우리 선민교회는 앞으로 1년간 꾸준히 노방전도를 할 것입니다.

4) 선민교회와 함께하는 전도부흥운동의 현장

하반기 전도부흥운동을 위한 설문지(선민교회)

1. 상반기 전도부흥운동을 위해 도입한 EDI전도프로그램과 전도카드는 도움이 되셨는지요?
   - 도움은 되었는데, 아직 결실은 없습니다.

2. EDI전도프로그램과 전도카드는 사용하고 계신지요? 전도카드를 별도로 추가 구입해서 사용하셨는지요?
   - 네, 전도카드를 400장 추가로 구입하여 사용하고 있습니다

3. EDI전도프로그램과 전도카드 사용에 대한 추가 교육을 진행하면 참여하실 수 있는지요? 아니면 우리교회만 별도로 교육해주기를 원한다?
   - 별도 교육은 필요로하지 않습니다.

4. 주 중 또는 주 말 전도부흥운동을 자체 계획아래 지속적으로 진행하고 계신지요? 상반기 전도부흥운동 후 전도의 열매는 있었는지요?
   - 네, 주중 1회 지속적으로 전도하고 있습니다.

5. 전도를 위해 전도지, 전도물품, 선물 등을 추가로 구입해서 사용하고 계신지요?
   - 네, 구입해서 사용하고 있습니다.

6. 하반기 전도부흥운동에 가장 필요한 전도용품은 무엇인지요?

    예를 들어 1) 전도카드, 2) 전도지, 3) 물티슈, 4) 선물, 5) 현금
    - 전도카드가 더 필요합니다.

7. 하반기 전도부흥운동은 주최, 주관부시의 임원회의 후 계획을 확징하여 진행하고자 합니다.
  1) 도움이 되어서 교인들과 함께 적극 참여하겠다?
  2) 도움 없이 자체적으로 진행하겠다?
    - 자체적으로 하겠습니다.

8. 2024년을 위한 전도사업계획에 대한 질문입니다.
  1) 금년 상반기 전도사역프로그램을 그대로 반영하면 좋겠다? : 좋겠습니다
    - 우리교회는 내년에도 꼭 전도사역을 함께했으면 좋겠다? : 자체적으로 하겠습니다.
    - 전도프로그램에 대한 별도의 의견이 있다면?(제안해 주세요)

6. 푸른동산교회

▶섬기는 사람들
  담임목사 : 김주형 목사
  장로회신학대학교 신학대학원
  숭실대학교 상담 석사
  한국, 미국 목회상담사

  부목사 : 류승현 목사
  장로회신학대학교 신학대학원
  서울여자대학교 상담 박사
  따뜻한 상담소 대표
  이마고 에듀케이션 상담소 대표
▶주소 : 서울시 강서구 초원로 85, 3층

1) 푸른동산교회 개척과 지역에서의 역할

2명의 교인으로 시작 젊은 직장인들과 가정이 많아 젊은이들을 위한 사역으로 현재 평균연령 31세의 젊은교회로 40여명이 출석하고 있습니다.

2) 푸른동산교회의 중점사역과 교회성장 계획

푸른동산교회는 첫째, 그리스도 안에서. 둘째, 자신의 삶을 사는 것을 중점으로 사역하고 있습니다. 그리스도안에서 공부와 일과 직장생활과 사업을 어떻게 시작하고, 선교적 교회를 이룰 수 있는지 지도하는 것을 목표로 하고 있습니다.

3) 푸른동산교회와 나누는 전도부흥운동의 은혜

행 20장 주는 것이 더 복되다는 것과 고전 1장의 전도의 미련한 것을 결정하신 하나님의 마음을 깨닫는 과정을 경험합니다.

수동적 신앙이 아니라 주도적 신앙과 타인에게 전도하려니 내가 어떤 질서를 가지고 신앙생활을 하는지 스스로에게 점검이 되는 경험이라고 합니다. 내 교회를 사랑하는 감정보다 내 교회를 알리는 행동이 더 교회를 사랑하게 되는 구체적 동기가 된다고 나눕니다.

[교단총회 전도부흥운동 성과보고서 내용]

구분	내 용
전도 준비	예) 전도를 위해 무엇을 준비했는가? (교회현황, 기도, 준비물, 기타)
	교인은 34명. 물티슈. 함께기도. 전도지. 에디전도 어플 프로그램과 GS쿠폰 선물
전도 실행	예) 어떻게 전도 하였는가? (노방전도, 우편, 모바일 등등)
	지하철 출입구에서 전도하고 에디전도 어플프로그램으로 동영상시청과 연락처를 주고 받는 동의로 소통해서 연락하고 추후 전도와 관계로 이어짐
전도 효과	예) 어떤 결과를 낳았는가? (숫자, 교회분위기, 나의생각, 우리의다짐)
	교회분위기는 에디전도 프로그램을 통해 11명의 연락이 왔습니다. 불과 30분의 전도였음에도 반응이 있으니, 전도하는 사람의 열정과 반응이 보람으로 이어졌습니다.
전도 이후	예) 연결된 태신자(미등록)는 어떻게 관리할 것인가?
	첫째, 연락처 동의와 연락해준 선물로 쿠폰을 보냈고, 둘째, 일상의 연락과 건강한 삶의 메시지를 작게 보내는 중입니다. 셋째, 교회 출석에 관심을 보이면 자연스럽게 안내할 계획입니다.
전도 계획	예) 지역사회 복음전파를 위해 나는 무엇을 할 것인가?
	지속적인 전도, 특히 에디 전도 사역으로 반응과 수치가 나타나는 사역이 고무적이었습니다. 꾸준한 전도와 소통으로 지역 전도를 확대해 가야겠다고 마음을 정하게 되었습니다.

4) 푸른동산교회와 함께하는 전도부흥운동의 현장

> 전도하면서 오랜만이라 낯설었는데, 사람들을 만나고 전도하는 시간이 주어져서 즐거웠습니다!
> 1 오후 2:54

> 오랜만에 길거리에서 전도를 하려고 나왔는데 어떤 인사말로 이걸 전달드릴까 고민했지만 너무 잘 받아주시고 물어봐주시는 분이 계셔서 감사했습니다. 담에는 더 편하게 전달할 수 있을것 같습니다~
> 1 오후 2:56

> 전도라는걸 성인이 된 후 처음해봤는데 낯설었습니다.
> 낯선 사람에게 낯선 사람으로 접근하는 것을 해보면서 그 짧은 순간에 사람들의 다양한 반응들을 볼 수 있어서 신기했고 지금까지 저에게 다가온 낯선 사람들이 생각이 났습니다.
> 가까운 사람들에게 더 친절히, 낯선 사람들에게 무안하지 않게 해야겠다고 생각했습니다.
> 13 오후 6:49

> 조금 쑥쓰러웠지만 일이라고 생각하고 임해보았습니다! 뭐든지 해볼 수 있고 할 수 있다는 생각이 들어 감사했습니다 :)
> 16 오후 3:31

> 오랜만에 전도하는 거라 어색할 줄 알았는데, 행인분들이 잘 받아주셔서 감사했습니다. 앞으로 전도하시는 분들 뵈면 반가워하며 전도지를 받아야겠다는 생각했습니다.
> 4 오후 3:00

> 오늘 전도하면서 거절당할까 다가가는데 망설이는 제 모습을 발견할 수 있었습니다. 또 전도지 받는 사람들의 반응이 다양하단걸 알게 되었습니다.
> 3 오후 2:58

> 예수님을 모를 때는 전도가 망설여졌는데, 오늘은 제가 무엇을 전하는지 얼마나 좋은 것인지 알고 있으니 전도에도 확신이 있었습니다.
> 3 오후 2:58

Chapter 3. 12개 동반성장교회와 함께한 '2023 전도부흥운동'

전도후기

우리 교회를 소개하고 전하는데 자부심이 넘쳐났고,
좋은 것을 나눠준다 생각하니, 나눠주면서도 기쁨이 넘쳐났어요.

전도 후기

평소엔 그냥 지나치던 분들에게
말을 건네고
물티슈를 건네면서
전도라서가 아니라
그 행위 자체가 낯설게 느껴져서
주위 사람들에게
더 따뜻하고 친절하게
해야겠다고 생각했습니다.

오늘 많은 사람들에게 전도를 하며 부끄러워 하지않고 자신있게 전도를 하는 나를 보았습니다.

하나님을 알아가고 하나님안에 살려고 노력하는 내 자신이 자랑스럽고 좋았기에 그게 행동으로 나왔겠구나 라는 생각이 들었습니다

늘 길에서 전도 당하는 입장에서 처음으로 전도를 직접 해보니 새로웠습니다.
온몸으로 거절을 표현하는 사람을 보면서는, 최근에 회사에서 여러군데 방송제안하고 거절당했던 기억이 올라왔습니다.
멋쩍기도했지만 진심을 다해보니 뿌듯했습니다.

오랜만에 낯선사람들에게 말을 걸며 전도지를 나눌 때, 웃음의 화답도 받아보고 매몰차게 거절도 당해보는 경험이 반가웠습니다. 스스로 부끄럼 없이 다가갈 줄 아는 제 모습이 반갑기도 했습니다.

오늘 전도하면서 생각보다 많은 분들이 거부감없이 받아주셔서 전도가 막연하게 어려운것이라 생각하고 어렵다 생각했었는데 들어주시는 분들이 계셔서 역시 직접 행동으로 해보지 않으면 모르는것이라는 생각이 들었습니다.

처음 해보는 전도가 낯설기도 하고 쑥스럽기도 했습니다. 길을 가는 타인에게 말을 건넨다는 게 생각보다 용기가 필요하다는 것도 느꼈습니다. 받아주시는 것만으로도 감사함을 느꼈고, 길에서 나눠주시는 분들에게 다음부터는 친절해지겠다고 생각했습니다. ㅎㅎ

못본 척, 못 들은 척 무시하고 가는 사람들을 만나면서 막연함을 느꼈는 데, 몇 번의 거절 뒤에 하나 둘씩 받아가는 사람들을 만나서 즐거움이 느껴지고 감사함을 느꼈습니다~!

처음에 다들 지나치거나 관심을 안 가질거 같았는데 많은 사람들이 의외로 인사를 받아주거나
전도지를 받아서 신기했습니다!

밖에서 전도하는게 처음이라서 떨리기도 하고 어색하기도 했지만 점점 하다 보니 적응도 되어 가면서 전도를 하는 상황에 감사함을 느끼며 다음번에도 또 해보고 싶다는 생각을 했습니다

전도는 정말 오랜만인데 생각보다 전도지를 편하게 잘 나눠줄 수 있었고 다음부턴 전단지 나눠주는 분들꺼 잘 받아야겠다 다짐했습니다

전도가 처음이라 낯설고 어려웠습니다. 처음 시작은 어려웠지만 공동체 분들과 함께 용기 내어 전도를 해보는 경험을 할 수 있어서 좋았습니다.

전도부흥운동 사례집 I 전도·부흥·운동 누가 할 것인가?

하반기 전도부흥운동을 위한 설문지(푸른동산교회)

1. 상반기 전도부흥운동을 위해 도입한 EDI전도프로그램과 전도카드는 도움이 되셨는지요?
   꾸준한 전도가 됩니다. 한번 등록된 사람의 연락처로 설교를 보내고 있습니다

2. EDI전도프로그램과 전도카드는 사용하고 계신지요? 전도카드를 별도로 추가 구입해서 사용하셨는지요?
   전도카드는 사용 중 입니다. 추가 구입은 하지 않았습니다.

3. EDI전도프로그램과 전도카드 사용에 대한 추가 교육을 진행하면 참여하실 수 있는지요? 아니면 우리교회만 별도로 교육해주기를 원한다?
   추가교육하면 제가 가겠습니다.
   단, 외부지원해주시는 분들이 감사하지만, 찾아와서 교육하는 건 고민이 됩니다.
   기존 교회 회원들이 자기교회에 대한 자부심과 신앙의 정면승부(삶과 신앙과 헌금이 서로 공개되는) 더 높은 수준을 요구받고 있는 상황을 잘 이해하지 못하는 분들이 찾아올 수 있다는 불편감이 교인들의 의견입니다.

4. 주 중 또는 주 말 전도부흥운동을 자체 계획아래 지속적으로 진행하고 계신지요? 상반기 전도부흥운동 후 전도의 열매는 있었는지요?
   주말 사역 후 합니다. 두 번의 방문객은 있었으나, 출석은 않고, 설교는 지속적으로 받고 있습니다.

5. 전도를 위해 전도지, 전도물품, 선물 등을 추가로 구입해서 사용하고 계신지요?
   초도물량이 넉넉해서 아직까지는 여유가 있습니다.

6. 하반기 전도부흥운동에 가장 필요한 전도용품은 무엇인지요?
   예를 들어 1) 전도카드, 2) 전도지, 3) 물티슈, 4) 선물, 5) 현금
   선물이 가장 효과적이고, 개인정보 동의와 설교를 문자로 받는데 거부가 적었습니다.

7. 하반기 전도부흥운동은 주최, 주관부서의 임원회의 후 계획을 확정하여 진행하고자 합니다.
   1) 도움이 되어서 교인들과 적극 참여하겠다?
   2) 도움 없이 자체적으로 진행하겠다?
   도움없이 하겠습니다.^^

8. 2024년을 위한 전도사업계획에 대한 질문입니다.
   - 금년 상반기 전도사역프로그램을 그대로 반영하면 좋겠다?
   - 우리교회는 내년에도 꼭 전도사역을 함께했으면 좋겠다?
   - 전도프로그램에 대한 별도의 의견이 있다면?(제안해 주세요)
   동반성장교회과 함께하는 방법과 하지 말아야 할 이야기들에 대해서 외부지원팀의 교육이 필요하겠습니다.

7. 예샘교회

▶섬기는 사람
  담임목사 : 이종범 목사
▶주소 : 서울시 구로구 중앙로 6길 40, 3층

1) 예샘교회 개척과 지역에서의 역할

예샘교회는 작더라도 건강한 교회를 지향하고 있습니다.

지역 마을 작은 도서관을 만든 뒤 지금은 그 장소를 맞벌이 부부 자녀들 매일 돌봄 센터로 운영하고 있습니다. 돌봄센터는 매일 학기 중에는 오후 1시 부터 저녁 6시까지 월요일에서 금요일까지 운영되고, 20명의 아이들 신청을 받아 매일 평균 13-4명의 아이들이 이용하고 있습니다. 돌봄센터를 통해 자연스럽게 지역사회에 교회가 홍보되고 또 몇몇 아이들과 아이들의 부모가 전도 되어 현재 교회에 다니는 가정도 있습니다. 돌봄사역은 햇수로 4년째 저와 제 아내가 교사로 아이들을 돌보고 있습니다.

2) 예샘교회의 중점사역과 교회성장 계획

맞벌이 부부 자녀들 돌봄센터를 하다보니 자연스레 아동부 사역에 집중하게 되었습니다. 동네에 있는 고산초등학교 학교 앞 전도도 개척 시작한 해부터 지금까지 지속적으로 일주일에 한번 전도하며 우리 교회 아이들 뿐만 아니라 안믿는 아이들 또한 만나고 있습니다. 이 모든 과정을 통해 자연스레 아동부 아이들 사역이 중심 사역이 된 듯 합니다.

교회 성장은 많이 정체되어 있습니다. 하나님께서 속히 물꼬를 터 주셔서 성장되기를 기대합니다. 돌봄에 오는 아이들을 섬기는 데 최선을 다해 교회 이미지를 더욱 좋게 하고 부모들을 교회로 초대하는 연계점을 만들고 복음을 제시하고 교회로 이끈 뒤 교회성장에 이바지해 나가도록 하겠습니다.

3) 예샘교회와 나누는 전도부흥운동의 은혜

[교단총회 전도부흥운동 성과보고서 내용]

구분	내 용
전도 준비	수요기도회 목요 기도회 때마다 한 달 가까이 기도로 준비했습니다. 전도용품은 노회에서 지원하신 물품으로 물티슈와 전단지를 준비했습니다. 전단지에는 에디전도플랫폼 등록카드를 통해 전도대상자들과 접촉점을 가지려고 했습니다.
전도 실행	전도 대원 8명 중 4인 1조 두 팀으로 나누어 노방전도로 한 팀은 교회 주변에 유동인구가 많은 곳에서 집중적으로 지나가는 행인들을 만나 전도용품과 교회 홍보 전단지를 나누어 주면서 복음을 전했고, 다른 한 팀은 교회 주변의 상가를 가가호호 방문하며 교회를 홍보하고 복음을 전했습니다.
전도 효과	두 분이 태신자등록으로 번호를 남겨 통화 후 상품권을 드렸습니다. 교회는 아직 오시지는 않았지만 오신다는 약속을 받았고, 지속적으로 통화와 관심을 가지고 있는 상황입니다. 노회에서 지원되신 남선교회 전도팀과 함께 전도함으로써 전도하는데 너무나 큰 힘을 얻게 되었고 전도에 대한 자극과 필요성을 다시금 크게 느끼게 되어 교회 자체적으로 다시 전도를 하는데로 이어져 금요일 학교 앞 전도를 하게 되었습니다. 동네 타교회 권사님 한 분은 저의 지인이신데 전도대원을 만나신 뒤 저희 교회에 후원금 50만원을 하시게 된 일도 있었습니다.
전도 이후	지속적 전화심방을 갖고, 예배에 출석하도록 종용하도록 하겠습니다.
전도 계획	(앞으로 전도를 위해 우리교회는 또는 나는 무엇을 할 것인가?) 매주 학교 앞 전도를 지속적으로 실천할 것이고 매일 진행되고 있는 맞벌이 부부 자녀들 돌봄을 통해 믿지 않는 가정과 접촉하면서 아이와 부모가 교회에 나오도록 유도하겠습니다. 또한 틈나는대로 믿지 않는 사람들을 자주 만나 복음을 전하겠습니다.

Chapter 3. 12개 동반성장교회와 함께한 '2023 전도부흥운동'

4) 예샘교회와 함께하는 전도부흥운동의 현장

하반기 전도부흥운동을 위한 설문지(예샘교회)

1. 상반기 전도부흥운동을 위해 도입한 EDI전도프로그램과 전도카드는 도움이 되셨는지요?
   1회적으로 전도할 때, 불신자들에게 접근할 때, 도움을 주었던 것 같습니다.

2. EDI전도프로그램과 전도카드는 사용하고 계신지요? 전도카드를 별도로 추가 구입해서 사용하셨는지요?
   저희 교회는 아동부 아이들 학교 앞전도를 꾸준히 하고 있고, 아동부 아이들을 만나거나 학부모들을 만날 때 따로 사용하지는 않았습니다.

3. EDI전도프로그램과 전도카드 사용에 대한 추가 교육을 진행하면 참여하실 수 있는지요? 아니면 우리교회만 별도로 교육해주기를 원한다?
   참여가 필요하다면 하겠습니다.

4. 주 중 또는 주 말 전도부흥운동을 자체 계획아래 지속적으로 진행하고 계신지요? 상반기 전도부흥운동 후 전도의 열매는 있었는지요?
   지속적으로 하고 있지는 못합니다. 2번 답에서 말씀드렸는데, 금요일 학교 앞 전도는 꾸준히 하고 있습니다.

5. 전도를 위해 전도지, 전도물품, 선물 등을 추가로 구입해서 사용하고 계신지요?
   금요일 전도 물품은 아이들 먹을 것을, 우리 교회 아이들 먹거리는 매주 구입하고 있습니다.

6. 하반기 전도부흥운동에 가장 필요한 전도용품은 무엇인지요?
   예를 들어 1) 전도카드, 2) 전도지, 3) 물티슈, 4) 선물, 5) 현금
   상품권

7. 하반기 전도부흥운동은 주최, 주관부서의 임원회의 후 계획을 확정하여 진행하고자 합니다.
   1) 도움이 되어서 교인들과 함께 적극 참여하겠다?
   2) 도움 없이 자체적으로 진행하겠다?
   저희는 자체적으로 하겠습니다.

8. 2024년을 위한 전도사업계획에 대한 질문입니다.
   - 금년 상반기 전도사역프로그램을 그대로 반영하면 좋겠다?
   - 우리교회는 내년에도 꼭 전도사역을 함께했으면 좋겠다?
   - 전도프로그램에 대한 별도의 의견이 있다면?(제안해 주세요
   개교회에 전도 대원들의 방문이 1회적이지 않았으면 좋겠습니다. 그러기 위해 많은 고민이 필요하리라 생각합니다.

8. 명성교회

▶ 섬기는 사람
  담임목사 : 진수일 목사
  약 력 : 장로회 신학대학교 신대원 졸업
  교회를 섬기는 분 : 김혁중, 차진영, 진미자, 진미향, 이영애

▶ 주소 : 서울시 강서구 양천로69길 65, 3층

1) 명성교회 개척과 지역에서의 역할

2001년, 목회할 수 있는 교회를 알아봐 주시겠다는 지인 선배 목사님의 말씀에도 불구하고 기존 교회 목회보다는 개척이 낫지 않겠느냐는 가족들의 의견을 주님의 말씀으로 여기고 염창동에 교회를 개척 했습니다.

이곳에 교회가 들어올 수 없는 곳인데 어떻게 교회가 들어올 수 있었는지 모르겠다던 이의 말도 있었는데 이는 하나님의 도우심의 은혜였다 생각됩니다. 개척 초기에 노방 전도와 축호 전도를 실시했고, 지인 목회자를 통해 전도인을 파송받아 전도에 힘을 써 왔습니다. 아울러 지역 복음화를 위해 문서 선교를 병행해오고 있습니다. 또한 구청의 요청을 받아들여 지역 주민들이 이용하시는 공원 내 환경 관리에도 힘을 썼습니다. 그렇지만 아직은 이렇다 할 결과는 보이지 않는 상태입니다.

2) 명성교회의 중점사역과 교회성장 계획

어려운 중에도 하나님께서 저희 교회를 사랑하셔서 은혜를 베풀어 주심으로 여기까지 이를 수 있게 하심에 하나님께 감사와 찬송을 올려 드립니다.

전도 사역을 지속적으로 해왔음에도 기대만큼 열매가 없었음으로 인하여 전도 사역에 대한 열의가 약해져서 노방 전도를 쉬고 문서 전도로 전환했습니다. 한편으로 내실을 기하기 위해 말씀과 기도 생활에 중점을 두어 사역함으로 오늘에 이르렀습니다. 그러는 중에 영등포노회 남선교회연합회에서 소개로 에디 전도 방법을 소개받았는데, 시대에 맞는 적절한 방법이란 생각이 들었습니다. 개교회 장로

님들로 구성된 팀이 한 차례 노방 전도에 함께 해주셨고 이후 자체 전도를 이어가고 있습니다. 제작해주신 전도지와 티슈 전도도 병행하고 있습니다.

2033년 10월, 70명 성도를 바라보며 지속적으로 이어간다면 좋은 결과가 있을 것으로 기대합니다. 위해서 기도해주시기 바랍니다.

(저희 교회가 상가 건물이라는 점, 주변에 크고 오래된 자립 교회들이 있음으로 하여 성장을 위해 교회를 이전하는 것을 고려를 하는 중인데, 여의치가 않아 기도 중에 있습니다. 오래된 지역이어서인지 인구 이동도 그리 활발하지는 않은 실정입니다. 코로나19 이후 교회에 대한 이미지가 저하된 것도 원인으로 작용하고 있는 것으로 보입니다.)

수고에 감사드리며 남선교회연합회에 우리 주님의 은혜가 항상 함께하시길 바랍니다. 감사합니다.

3) 명성교회와 나누는 전도부흥운동의 은혜

[교단총회 전도부흥운동 성과보고서 내용]

구분	내 용
전도 준비	영등포노회 남선교회 주관으로 진행해주신 전도였기에 정해진 기도 시간을 통해 기도로 준비했습니다.
전도 실행	5월 20일 토요일을 기해 영등포노회 남선교회연합회를 통해 전도차 저희 교회를 방문해주신 7분의 장로(회장 배정수 장로님 외 6분)과 저를 비롯한 성도가 전도에 동참했습니다.
전도 효과	교회의 본질이 영혼 구원 즉 전도에 있기에 이번 노방 전도는 저희 교회 전도 분위기를 쇄신하는 유익한 기회가 되었습니다. 교회내 전도에 대한 동기와 공감대가 더 강화되어야겠기에 주일 설교를 통한 메시지와 행사를 통해 분위기를 조성해나갈 생각을 가지고 있습니다.
전도 이후	담당자를 선정하여 교육 후 관리토록 할 것입니다.
전도 계획	한동안 쉬고 있었으나, 주중 요일과 시간을 정하여 노방 전도를 실시할 계획으로 하고 있습니다. 성도들이 직장생활을 하고 계신 현실이어서 저부터 솔선하여 시행하고자 합니다. 미래 자립교회를 위해 헌신과 물질 그리고 기도로 도와주심에 깊이 감사드립니다.

Chapter 3. 12개 동반성장교회와 함께한 '2023 전도부흥운동'

4) 명성교회와 함께하는 전도부흥운동의 현장

하반기 전도부흥운동을 위한 설문지(명성교회)

1. 상반기 전도부흥운동을 위해 도입한 EDI전도프로그램과 전도카드는 도움이 되셨는지요?
   현재로는 실제 열매는 아직 없습니다.

2. EDI전도프로그램과 전도카드는 사용하고 계신지요? 전도카드를 별도로 추가 구입해서 사용하셨는지요?
   남은 양은 사용했습니다.

3. EDI전도프로그램과 전도카드 사용에 대한 추가 교육을 진행하면 참여하실 수 있는지요? 아니면 우리교회만 별도로 교육해주기를 원한다?
   참여하겠습니다.

4. 주 중 또는 주 말 전도부흥운동을 자체 계획아래 지속적으로 진행하고 계신지요? 상반기 전도부흥운동 후 전도의 열매는 있었는지요?
   지속중에 있고 열매는 기대하고 있습니다.

5. 전도를 위해 전도지, 전도물품, 선물 등을 추가로 구입해서 사용하고 계신지요?
   보유하고 있는 것을 사용 중입니다.

6. 하반기 전도부흥운동에 가장 필요한 전도용품은 무엇인지요?
   예를 들어 1) 전도카드, 2) 전도지, 3) 물티슈, 4) 선물, 5) 현금
   물티슈

7. 하반기 전도부흥운동은 주최, 주관부서의 임원회의 후 계획을 확정하여 진행하고자 합니다.
   1) 도움이 되어서 교인들과 함께 적극 참여하겠다?
   2) 도움 없이 자체적으로 진행하겠다?
      저희 일이기에 자체 진행을 고려 중입니다.

8. 2024년을 위한 전도사업계획에 대한 질문입니다.
   - 금년 상반기 전도사역프로그램을 그대로 반영하면 좋겠다?
   - 우리교회는 내년에도 꼭 전도사역을 함께했으면 좋겠다?
      자체 진행 계획을 수립 예정입니다.
   - 전도프로그램에 대한 별도의 의견이 있다면?(제안해 주세요)

9. 주영빛교회

▶섬기는 사람
담임목사 : 박찬일 목사
순천대학교 경영학과 졸업
장로회신학대학교 신대원 졸업
동은교회 시무(부목사)
경신교회 시무(부목사)
성안교회 시무(부목사)

▶주소 : 광명시 도덕로 41, 2층

1) 주영빛교회 개척과 지역에서의 역할

주영빛교회는 광명시 광명7동에 2011년 12월 25일 개척된 교회로서 광명 땅에 주님의 영광의 빛, 사랑의 빛, 말씀의 빛, 구원의 빛을 비추는 사명을 위해 세워졌습니다. 광명지역의 지치고 힘든 영혼, 방황하는 영혼, 상처로 고통하는 영혼을 주님께로 인도하여 그리스도의 보혈과 성령의 불로 치유하고, 회복케하는 비전을 위해 나아가고 있습니다.

2) 주영빛교회의 중점사역과 교회성장 계획

주영빛교회는 무엇보다도 하나님의 말씀의 능력과 기도의 능력으로 무장된 성도를 세상 가운데에 파송하는 것을 목표로 하여 말씀선포와 말씀암송, 기도훈련에 집중하고 있습니다.

기도제목
주영빛교회가 말씀이 살아 역사하는 교회 되도록.
주영빛교회가 하나님의 기도의 집으로서 기도의 불길이 타오르는 제단 되도록.
주영빛교회가 성령충만한 교회, 거룩한 교회가 되어 하나님께 영광돌리는 교회 되도록.

3) 주영빛교회와 나누는 전도부흥운동의 은혜

[교단총회 전도부흥운동 성과보고서 내용]

구분	내 용
전도 준비	*4/2일부터 5/27(토)일 전도행사를 위해 광고와 기도를 실시하였음. *4/6(목) 노회회관에서 전도플렛폼과 전도카드 활용에 대한 교육 참여. *남선교회연합회에서 준비한 전도물품(물티슈,전도지,어깨띠,쿠폰용 전도지) 수령. *5/26(금) 전도용품(전도지,영상용전카드,물티슈,과자) 포장.
전도 실행	*5/27(토) 오전10:30-11:00 전도를 위한 기도회 진행(15명 참석) *우천 중이지만 노방전도 실시(11:00-12:00)
전도 효과	*이번 연합회와의 전도를 통하여 본 교회 성도들이 전도에 적극적으로 동참할 수 있는 계기가 되어서 교회적으로 전도의 분위기가 고조되는 좋은 시간이 되었음. *전도지와 물품을 받는 사람들이 대부분 거부감 없이 잘 받아갔음. *코로나 이후 침체되었던 전도에 불을 붙이는 귀중한 전도행사가 되었음. *전도에 대해 다시금 더욱 더 깊게 생각하고, 연구해야 겠다는 각오가 새로워지는 계기가 되었음.
전도 이후	*이번 전도행사를 통해 연결되는 태신자에 대해서는 1:1 관계 형성을 통해 지속적으로 관리하고 교회에 발을 들여놓을 때까지 다양한 모습의 친밀감 형성을 이끌어 내는 것을 목표로 하겠음.
전도 계획	*지속적인 노방전도를 통한 1:1의 관계 맺기 *관계가 형성된 태신자를 대상으로 정기적인 관계하기 *초청주일을 통해 태신자를 초청하기.

Chapter 3. 12개 동반성장교회와 함께한 '2023 전도부흥운동'

4) 주영빛교회와 함께하는 전도부흥운동의 현장

하반기 전도부흥운동을 위한 설문지(주영빛교회)

1. 상반기 전도부흥운동을 위해 도입한 EDI전도프로그램과 전도카드는 도움이 되셨는지요?
   실질적인 결과는 없었습니다

2. EDI전도프로그램과 전도카드는 사용하고 계신지요? 전도카드를 별도로 추가 구입해서 사용하셨는지요?
   아닙니다

3. EDI전도프로그램과 전도카드 사용에 대한 추가 교육을 진행하면 참여하실 수 있는지요? 아니면 우리교회만 별도로 교육해주기를 원한다?
   아닙니다

4. 주 중 또는 주 말 전도부흥운동을 자체 계획아래 지속적으로 진행하고 계신지요? 상반기 전도부흥운동 후 전도의 열매는 있었는지요?
   추가적인 전도는 하지 못하고 있습니다

5. 전도를 위해 전도지, 전도물품, 선물 등을 추가로 구입해서 사용하고 계신지요?
   아닙니다

6. 하반기 전도부흥운동에 가장 필요한 전도용품은 무엇인지요?
   예를 들어 1) 전도카드, 2) 전도지, 3) 물티슈, 4) 선물, 5) 현금
   물티슈

7. 하반기 전도부흥운동은 주최, 주관부서의 임원회의 후 계획을 확정하여 진행하고자 합니다.
   1) 도움이 되어서 교인들과 함께 적극 참여하겠다?
   2) 도움 없이 자체적으로 진행하겠다?
   1번 입니다

8. 2024년을 위한 전도사업계획에 대한 질문입니다.
   - 금년 상반기 전도사역프로그램을 그대로 반영하면 좋겠다?
     네 그렇습니다

   - 우리교회는 내년에도 꼭 전도사역을 함께했으면 좋겠다?
     네 그렇습니다

   - 전도프로그램에 대한 별도의 의견이 있다면?(제안해 주세요)
     감사합니다

10. 서울새순교회

▶ 섬기는 사람

담임목사 : 이종성 목사(1961.2.4.생)

서울장로회 신학대학 졸업(광주)

장신대 목연과 졸업

장신대학원 목회전문대학원 상담학과 졸업(목회신학석사)

1998. 4.22 평북노회로부터 목사안수 받음

2000년 7.1부터 교회를 개척해서 현재에 이름

▶ 주소 : 서울시 양천구 오목로 75, B01호

1) 서울새순교회 개척과 지역에서의 역할

2000년 7월 1일에 영등포노회 서울서부교회 부목사로 있다가 영등포노회 반석교회를 맡을 담임목사가 없다는 소식을 듣고 몇 번 설교한 것이 연이 되어 교회를 맡게 되었습니다. 가서보니 그 교회도 복잡한 교회였는데 감리교를 다니면서 신앙생활하던 장로 2분 권사님 여러분들이 교회에 불만을 품고 따로 나와 개척을 하는 가운데 교역자가 여러 번 교체되면서 제가 부임하게 된 것입니다. 열심히 주의 일을 감당했는데 요즘 개척교회에 새로운 사람이 오지 않다보니 또 그들이 불만을 품고 교회를 와해시키고 흩어지게 되었습니다.

제자성경공부도 하고 전도도 하고 열심을 내었는데 중심뿌리가 되는 장로님이 교회가 성장 안한다고 흔드니까 한 가정 두 가정 흩어지기 시작하더니 거의 와해되는 수준에 이르게 되었습니다, 그래 교회를 두 번 정도 옮기며 맨 땅에 헤딩하는 목회를 했지만 목회현실이 녹록치 않고 고전을 면치 못하는 가운데 있다가 이웃 교회가 합동 개혁인데 목사님이 연로하셔서 후임자를 물색 중이라는 얘기를 듣고 찾아가서 만남을 가지면서 관계를 쌓기 시작했고 신뢰관계가 형성되었는지 2017년부터 교회를 맡으면서 개척아닌 개척을 하게 되었습니다. 2020년도에 그분이 원로로 물러나시고 제가 담임으로 목회하게 되었습니다.

지역사회에서의 역할을 처음부터 분명히 해야겠다는 생각에 어려워도 교회가 선교하고 구제하는 일에 인색하면 안된다는 생각에 선교사 한 분을 매달 후원하고 있고 주민센터와 연결되어 어려운 이웃을 도우라고 매달 일정액을 후원하고 있습니다. 또 세계나 나라에 어려운 일이 있을 때에 주민센터와 연계해 힘써 기부를 하고 있습니다. 들어보니 신월2동 지역에 큰 교회도 있고 작은 교회도 많지만 매달 일정액을 기부하는 교회는 거의 없다시피 하는데 저희 같이 작은 교회가 그런 일을 한다고 좋은 인상을 심어 주고 있습니다.

또 전도도 매 주 토요일에 저와 아내 전도사님이 나와서 매주 하고 있습니다. 이제는 제법 알아봐 주시는 분도 있어서 감사한 마음으로 복음의 빚진자로서의 사명을 감당하고 있습니다

2) 서울새순교회의 중점사역과 교회성장 계획

제 소명의 출발점이 시편14편에 나오는 인간은 하나님이 없으므로 그들이 부패하고 그 행실이 가증하니 선을 행하는 자가 없도다(시14:1) 그들이 다 치우쳐 함께 더러운 자가 되고 선을 행하는 자가 하나도 없도다라는 인간의 전적부패에서 출발했습니다. 하나님 없는 인생은 창1:2절에 나오듯이 그런 자의 삶은 혼돈과 공허 흑암의 삶일 수 밖에 없는데 그런 자들에게 말씀의 빛, 예수 그리스도의 빛이 있으라하시므로 생명의 삶으로 걸어가는 것이 참 인생의 길임을 알기에 날마다 삶의 최우선 순위로 삼아 성도가 담대히 해내야 할 일은 하나님의 말씀대로 사는 것입니다. 그러므로 매 주일 말씀을 통해 말씀을 듣고 사소하고 단순하지만 거룩한 루틴을 가지고 말씀대로 사는 훈련을 끝없이 반복하는 것이 신앙생활이라고 생각합니다,

이것이 하나님의 말씀이 우리를 형통으로 인도하며 말씀을 지키는 것 자체가 형통이기 때문입니다.

하나님의 말씀을 지킬 때 우리는 성경에서 수없이 약속하셨던 하나님의 약속이 내 삶에서 실재가 되는 것을 경험할수 있기에 부족하지만 올바른 말씀의 축을 세

우는 일에 진력하고 있고 말씀에 순종하는 작지만 거룩한 루틴을 습득하는 일을 목회의 방향으로 삼아 성경필사운동(3명), 매일 큐티하기(8명), 매주일 성수하기, 매일 잠에서 깨어서 기도하기, 저녁에 잠자기 전에 기도하기, 매일 전도대상자를 놓고 기도하기, 어려운 이웃돕기, 선교사후원등을 거룩한 루틴으로 삼고 교회공동체와 더불어 실천하고 있습니다. 또 어려운 이웃을 위해 설날이나 추석 때는 좀 더 많은 물질을 기부하고 있습니다.

작은 교회가 하기엔 여러 어려운 상황이 있고 특히 우리 교회는 멀리서 오는 교인이 많아 함께 힘을 모아 하기에 역부족일 때가 있지만 봉사하고 섬기는 분들은 감사함으로 감당하고 있습니다.

3) 서울새순교회와 나누는 전도부흥운동의 은혜

[교단총회 전도부흥운동 성과보고서 내용]

구분	내용
전도 준비	서울새순교회 현황 : 80세 주변의 어르신들 6명, 60대가 2명, 50대가 4명, 30대가 2명, 20대가 6명, 초등학교 어린이들이 3명입니다. 제 개인적으로 전도를 위해 20명을 놓고 기도하고 있고 교인들에게도 권면하고 있습니다. 매주 토요일마다 3명이 나와 노방전도를 하고 있고 이번 전도대회를 위해 건빵, 황토에 구운 소금, 물티슈, 에디전도지를 준비했고 목사 개인적으로는 목요일에 전도하고 있습니다
전도 실행	매주 목사는 목요일 노방전도하고 교인들과는 토요일에 3명이 나와 노방전도하고 있습니다.
전도 효과	최근 권사님의 관계 전도를 통해 한 분이 나오고 있습니다. 전도를 통해 새 신자가 영입되면 교회 분위기는 활기를 띱니다. 올 해 한 가정 당 한 가정을 전도하자고 목표를 정해놓고 권면하고 기도하고 있습니다.
전도 이후	나이드신 어르신이니 자주 연락하고 케어하면서 복음을 전하고 있습니다.
전도 계획	(앞으로 전도를 위해 우리교회는 또는 나는 무엇을 할 것인가?) 신월2동은 독거노인이 400명입니다. 우리 교회주변의 독거노인 5-10명을 선별(예산 때문에)해서 고독사를 예방하기 위해 요구르트를 매일 집어넣고 건강을 살피면서 기도해주고 관계를 맺어 복음을 전하고자 계획하고 기도하고 있습니다.

4) 서울새순교회와 함께하는 전도부흥운동의 현장

Chapter 3. 12개 동반성장교회와 함께한 '2023 전도부흥운동'

하반기 전도부흥운동을 위한 설문지(서울새순교회)

1. 상반기 전도부흥운동을 위해 도입한 EDI전도프로그램과 전도카드는 도움이 되셨는지요?

   아직까지는 전도효과를 보지 못하고 있다.

2. EDI전도프로그램과 전도카드는 사용하고 계신지요? 전도카드를 별도로 추가 구입해서 사용하셨는지요?

   추가구입 하고 있지는 않다.

3. EDI전도프로그램과 전도카드 사용에 대한 추가 교육을 진행하면 참여하실 수 있는지요? 아니면 우리교회만 별도로 교육해주기를 원한다?

   전도카드에 대한 추가교육이 있다면 참석하겠다.

4. 주 중 또는 주 말 전도부흥운동을 자체 계획아래 지속적으로 진행하고 계신지요? 상반기 전도부흥운동 후 전도의 열매는 있었는지요?

   더운 날씨지만 7월 말까지 전도하고 8월 한 달쉬고 9월부터 다시 이어갈 계획이다.

5. 전도를 위해 전도지, 전도물품, 선물 등을 추가로 구입해서 사용하고 계신지요?

   물티슈 등 전도물품을 추가구입해서 사용하고 있고 열매는 아직없다.

6. 하반기 전도부흥운동에 가장 필요한 전도용품은 무엇인지요?

   예를 들어 1) 전도카드, 2) 전도지, 3) 물티슈, 4) 선물, 5) 현금

   전도지,물티슈, 전도용 부채.

7. 하반기 전도부흥운동은 주최, 주관부서의 임원회의 후 계획을 확정하여 진행하고자 합니다.

   1) 도움이 되어서 교인들과 함께 적극 참여하겠다?

      교육이 도움이 되어 교인들과 함께 참여 하겠다.

   2) 도움 없이 자체적으로 진행하겠다?

8. 2024년을 위한 전도사업계획에 대한 질문입니다.

   - 금년 상반기 전도사역프로그램을 그대로 반영하면 좋겠다?

     전도사역 프로그램을 그대로 다시 한번 했으면 좋겠다.

   - 우리교회는 내년에도 꼭 전도사역을 함께했으면 좋겠다?

   - 전도프로그램에 대한 별도의 의견이 있다면?(제안해 주세요)

11. 진명교회

"다음세대를 살리는 진명교회"
교회 창립일 : 1991. 9. 1

▶섬기는 사람
◆담임목사 : 배종님(010-2481-0691) 목사
- 약력
  • 기독음대 피아노과 졸업
  • 한국방송통신대 교육과 학사 졸업
  • 서울장신대학교 신학대학원 신학과 교역학석사(M.Div.)졸업,
  • 숭실대학교대학원 신학석사(Th.M)졸업
  • 목사안수 : 2011. 4. 27 영등포 노회 목사안수
  • 배종님목사 위임 예식 : 2012. 6. 27(영등포 노회 진명교회)

◆주 소
  • 경기도 광명시 도덕로29 2층 3층
    2층 : 예배당 3층 : 진명 끼! 짱! 아트센터

1) 진명교회 개척과 지역에서의 역할

진명교회는 1991년 영서교회에서 분립하여 세워진 교회로 복음전파의 사명을 감당하는 오랜 역사와 전통을 가지고 있는 교회입니다. 오랜 기간 전도와 부흥을 위해 노력했으나 작은 교회의 어려움과 한계에 직면하여 크게 성장하지 못한 아쉬움이 있습니다. 그러나 지역적으로 개발 지역인 광명동에 자리 잡고 있으면서 작은 교회의 한계를 뛰어넘어 다음세대 사역에 목회적 비젼을 가지고 로컬 처치로서의 기능을 하고 있는 교회입니다.

지역사회를 위해 문화예술 컨텐츠를 활용한 섬김과 전도를 하고 있으며, 더불어 현대사회의 특성상 정서적으로 영적으로 어려움을 겪고 있는 지역사회 많은 분들에게 개인상담을 통한 심리정서와 영적지원을 하면서 전도하고 있습니다.

2) 진명교회의 중점사역과 교회성장 계획

진명 교회의 중심 사역은 다음세대를 살리는 것입니다. 작지만 아동복지 기관을 통한 다음세대 사역으로 매월 찬양집회, 여름·겨울 성경학교, 지역사회 문화예술 프로그램, 지역 연계 청소년 콩쿠르, 지역연계 드림페스티벌, 4차산업혁명시대의 진정한 리더 양성을 위한 과학 IT 교육 등을 실시하며, 지역사회 다음세대 영혼들을 섬기면서 복음을 전하고 있습니다.

- **다음 세대를 세우는 교회학교 찬양집회** – 코로나19의 어려움 이전부터 월 1회 광명동 아동복지기관 연합으로 찬양집회를 진행하여 복음을 전하고, 찬양을 통한 능력을 경험하게 하며 치유와 회복의 역사를 이루어가고 있습니다. 앞으로도 매월 진행되는 찬양집회에서 지속적인 전도를 할 계획입니다.

- **겨울과 여름 지역사회 아동 연합 성경학교를 자체 기획 진행** – 코로나19로 인해 그동한 멈추었던 성경학교를 다시금 회복하려고 합니다. 지역사회 아동복지기관 네트웍을 통해 많은 아이들을 모아 성경학교를 진행하는 것은 매우 효과적인 어린이 전도사역이 됩니다. 일반적인 학교 전도나 길거리 전도가 이루어지지 않는 현대사회의 문제점을 해결하는 효율적인 다음세대 전도방법입니다. 그러므로 이 연합 성경학교에 많은 인적, 물적 자원을 투자를 할 계획입니다.

- **다음세대 밴드 음악교실- 매주 1회 이상 기타 드럼** – 밴드음악 지도와 동시에 찬양을 지도하며 복음을 전하고, 자신의 재능을 활용하여 자연스럽게 하나님을 찬양하는 기쁨을 경험하게 합니다. 현재도 진명교회는 장년부 찬양대가 아니라 어린이 찬양대의 밴드음악 찬양이 낮 예배에서 올려지고 있습니다.

- **고령화 사회를 맞이하여 시니어 성도님들을 교회 부흥의 새로운 대상으로 인식** – 고령사회에 들어서면서 노인인구가 급속도로 많아지게 되었습니다. 교회에서도 이미 시니어들을 위한 관심과 목회의 전략이 필요한 시기가 되었습니다. 무엇보다 시니어들을 단순한 돌봄의 대상으로 볼 것이 아니라, 변화되고 있는 사회에 새로운 교회 부흥의 주체로 인식하는 관점을 가지고 지금까지 쌓아온 신앙의 유산과 정신을 다음세대가 계승할 수 있도록 의미와 가치를 재발견하는

기회를 제공하고자 합니다. 이를 위해 교회는 시니어 세대가 스스로를 재발견하고 하나님 안에서 새로운 도약을 할 수 있도록 이끌어 주려고 합니다.

또한 영적인 돌봄뿐만 아니라 육신적인 돌봄을 위해 노인복지 기관을 설립하여 정기적인 만남과 영적돌봄으로 섬길 예정입니다.

특히 4차 산업혁명시대를 살아갈 시니어 성도들에게 미래시대의 영적생활의 어려움을 기도와 말씀으로 준비하고 승리하도록 도울 예정입니다. 또한 문자적 문맹이 아니라 스마트시대의 스마트문맹이 되지 않도록 도우며 활력있는 신앙생활이 되도록 섬길 예정입니다.

3) 진명교회와 나누는 전도부흥운동의 은혜

교회의 목적은 전도입니다. 그리스도인의 삶의 목표도 전도, 영혼구원입니다. 진명교회는 전도를 위해 매주일 기도하며 새벽마다 전도를 위해 기도하고 있습니다. 전도를 위한 준비물은 영등포노회 남선교회연합회에서 준비해 준 전도카드, 전도지, 전도용품 등을 준비해서 사용하고 있습니다. 작은교회에서 준비하기 힘든 스마트한 카드와 전도물품 지원은 진명교회의 전도의 포문을 여는 동력이 되었습니다.

먼저 영등포노회 남선교회 회원들과 진명교회 전도대원들이 함께 노방전도를 실시 하였고, 영등포노회 남선교회연합회에서 준비해준 전도용품을 활용하여 유동 인구가 많은 교회 주변을 돌면서 노방전도를 실시 했습니다.

또 어린아이들이 줄어드는 사회와 교회의 문제점을 인식하고 다음세대 아동과 청소년들의 전도를 위해 기도로 섬기며 전도했습니다. 지역사회 아동복지기관의 아동들에게 전도카드를 전달하고 모바일을 통해 전도 물품을 전하는 방법으로 전도를 한 결과 진명교회는 장년보다 아동의 숫자가 더 많이 예배하는 어린 교회가 되었습니다. 아이들이 찬양대로 모여 연습하고 찬양하는 은혜롭고 생명력 있는 교회가 되었습니다.

영등포노회 남선교회연합회를 통해 전도를 실시한 결과 아직은 많은 성도의 숫자가 늘어나지는 않았지만 교회의 분위기는 전도를 해야 한다는 긍정적이고 열정적인 분위기로 전환되었습니다. 코로나19 이후 침체되었던 진명교회에 전도의 열정이 회복되고, 다시금 전도의 문이 열리므로 목회에 큰 힘을 얻었습니다. 앞으로 매주 예배 후에 교회 앞 버스 정거장에 서서 지속적으로 전도할 예정입니다.

전도는 이벤트나 일시적으로 진행되어서는 안되기 때문에 지속적인 전도를 이어갈 계획입니다. 전도를 통해 연결된 태신자를 위해서 기도하며 성령의 역사가 일어나기를 기대하며 더욱 적극적으로 전도할 예정입니다.

진명교회는 앞으로도 영혼구원이라는 교회의 핵심사명을 잊지않고 복음전파를 위해 아동복지기관 및 지역학교 등과 연계하여 다음세대 전도를 위한 목회를 이어갈 것입니다. 문화예술 교육과 공연 등을 통한 지속적인 지역 섬김사역을 이어 갈 예정입니다.

또 현시대가 요구하는 사회복지와 상담센터, 작은 도서관, 평생교육기관 등을 통해 지역사회를 섬기며 스마트 전도방법을 활용하여 복음을 전파할 예정입니다. 이러한 사역을 위한 전도지, 전도 물품 등을 제공하여 전도 씨앗을 심어준 영등포노회 남선교회연합회의 섬김에 감사한 마음을 전합니다.

[교단총회 전도부흥운동 성과보고서 내용]

구분	내 용
전도 준비	예) 전도를 위해 무엇을 준비했는가? (교회현황, 기도, 준비물, 기타) 진명교회는 전도를 위해 매주일 기도하며 새벽마다 전도를 위해 기도했다. 전도를 위한 준비물은 영등포노회 남선교회에서 준비해 준 전도카드, 전도지, 전도용품 등을 준비해서 사용하고 있다. 작은교회에서 생각하기도 힘들고 준비하기 힘든 스마트한 카드와 전도 물품 지원은 진명교회의 전도의 포문을 여는 동력이 되었다고 본다.
전도 실행	예) 어떻게 전도 하였는가? (노방전도, 우편, 모바일 등등) 먼저 영등포노회 남선교회원들 10여명과 진명교회 전도대원들과 함께 노방전도를 실시 할 수 있었음에 감사한다. 영등포노회 남선교회에서 준비해준 전도용품을 활용하여 유동인구가 많은 교회 주변을 돌면서 노방전도를 실시 했다. 또 다음세대 전도를 위해 주변의 아동복지기관의 아동들에게 전도카드를 전달하고 모바일을 통한 전도 물품을 전하는 방법으로 전도를 했다.
전도 효과	예) 어떤 결과를 낳았는가? (숫자, 교회분위기, 나의생각, 우리의다짐) 영등포노회 남선교회를 통해 전도를 실시한 결과 아직은 성도의 숫자가 늘어나지는 않았지만 교회의 분위기는 전도를 해야한다는 열정적인 분위기로 전환되었다. 코로나19 이후 침체 되었던 진명교회에 전도의 열정이 회복되고, 다시금 전도의 문이 열리므로 목회에 큰 힘을 얻었다. 앞으로 매주 예배 후에 교회 앞 버스 정거장에 서서 지속적으로 전도할 예정이다.
전도 이후	예) 연결된 태신자(미등록)는 어떻게 관리할 것인가? 영등포노회 남선교회를 통해 전도를 실시한 후 태신자와 전화 연결이 되었다. 앞으로 복음 영상과 메시지를 지속적으로 전달할 예정이다. 전도는 이벤트나 일시적으로 진행되어서는 안되기 때문에 지속적인 전도행사를 이어갈 계획이다. 전도를 통해 연결 된 태신자를 위해서 기도하며 성령의 역사가 일어나기를 기대하며 전도할 예정이다.
전도 계획	예) 지역사회 복음전파를 위해 나는 무엇을 할 것인가? (앞으로 전도를 위해 우리 교회는 또는 나는 무엇을 할 것인가?) 진명교회는 복음전파를 위해 아동복지기관 및 지역학교 등과 연계하여 다음세대 전도를 위한 문화예술 교육과 공연 등을 통한 지속적인 지역섬김 사역을 이어 갈 예정이다. 또 현시대가 요구하는 사회복지와 상담센터, 작은도서관, 평생교육기관 등을 통해 지역사회를 섬기며 스마트 전도 방법을 활용하여 복음을 전파할 예정이다. 이러한 사역을 위한 전도지 전도물품등을 제공한 영등포 노회 남선교회의 섬김에 감사한 마음을 전한다.

Chapter 3. 12개 동반성장교회와 함께한 '2023 전도부흥운동'

4) 진명교회와 함께하는 전도부흥운동의 현장

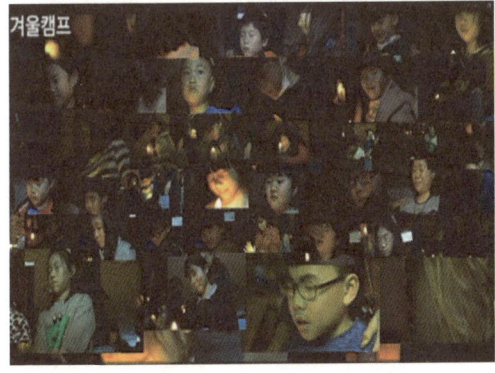

하반기 전도부흥운동을 위한 설문지(진명교회)

1. 상반기 전도부흥운동을 위해 도입한 EDI전도프로그램과 전도카드는 도움이 되셨는지요?
   답 : 네 매우 도움이 되었습니다.

2. EDI전도프로그램과 전도카드는 사용하고 계신지요? 전도카드를 별도로 추가 구입해서 사용하셨는지요?
   답 : 전도카드를 사용했습니다. 추가 구입은 하지 않았습니다.

3. EDI전도프로그램과 전도카드 사용에 대한 추가 교육을 진행하면 참여하실 수 있는지요? 아니면 우리 교회만 별도로 교육해주기를 원한다?
   답 : 참여할 수 있습니다.

4. 주 중 또는 주 말 전도부흥운동을 자체 계획아래 지속적으로 진행하고 계신지요? 상반기 전도부흥운동 후 전도의 열매는 있었는지요?
   답 : 네 주일 오후 예배 후에 교회앞 정류장에서 전도하고 있습니다. 전도의 열매는 모바일 상품권을 활용하여 어린이 열매가 다수 있었습니다.

5. 전도를 위해 전도지, 전도물품, 선물 등을 추가로 구입해서 사용하고 계신지요?
   답 : 아직 추가 구입은 하고 있지 않습니다.

6. 하반기 전도부흥운동에 가장 필요한 전도용품은 무엇인지요?
   예를 들어 1) 전도카드, 2) 전도지, 3) 물티슈, 4) 선물, 5) 현금
   답 : 전도지, 물티슈, 선물, 현금, 다 필요하지만 모바일 상품권을 가장 좋아하는 것으로 보입니다.

7. 하반기 전도부흥운동은 주최, 주관부서의 임원회의 후 계획을 확정하여 진행하고자 합니다.
   1) 도움이 되어서 교인들과 함께 적극 참여하겠다?
   2) 도움 없이 자체적으로 진행하겠다?
   답 : 1번

8. 2024년을 위한 전도사업계획에 대한 질문입니다.
   - 금년 상반기 전도사역프로그램을 그대로 반영하면 좋겠다? : 조금은 수정이 필요합니다.
   - 우리 교회는 내년에도 꼭 전도사역을 함께했으면 좋겠다? : 함께 하기를 바랍니다.
   - 전도 프로그램에 대한 별도의 의견이 있다면? (제안해 주세요)
   답 : 에디 프로그램을 활용한 결과 전화번호를 남기는 사람이 많지 않았습니다. 그러나 지속적으로 할 필요가 있다고 봅니다.

12. 서울중국인교회

▶ 섬기는 사람들
  담임목사 : 최황규 목사
  부목사 : 송명희 부목사

▶ 주소 : 서울시 영등포구 대림로 140.
  전화 : 02)865-3163.
  홈페이지 : 네이버, 구글 검색창에서 '서울중국인교회' 치면 나옴.

1) 서울중국인교회 개척과 지역에서의 역할

서울중국인교회는 중국인들이 가장 많이 거주하고 있는 영등포구 대림동에 있는데, 대림동은 한국 최대의 차이나타운이라고 불리고 있습니다. 서울중국인교회는 2003년 9월 구로구 가리봉동에서 개척하여 2010년 4월 대림동으로 이전하였고, 본 교회는 중국인들을 위한 선교를 위해서 개척되었습니다.

2) 서울중국인교회의 중점사역과 교회성장 계획

21세기 인공지능(AI), 챗GPT, 자동화, 무인화 등 급변하는 세상에서 인간성을 상실하지 않고 인간 본연의 인성과 성품을 가르치고 훈련하기 위해 [어린이, 청소년 잠언 읽기운동]을 하고 있습니다. 아울러 한국의 지정학은 강대국들에 둘러쌓여 있고 지하자원 등이 절대적으로 부족한 환경이고 인재 배양만이 살길이기 때문에 잠언(한국어, 영어, 중국어) 읽기를 통해 3개국어에 능통한 인재 배양을 목표로 하고 있습니다. 본 교회가 하는 [어린이, 청소년 잠언 읽기운동]은 중국인 어린이들에 국한한 것이 아니라 다문화 가정 어린이, 한국인 어린이, 탈북자 어린이 등 모든 어린이, 청소년을 대상으로 하는 운동입니다. 이 운동을 위해 한국어 잠언, 중국어 잠언, 영어 잠언을 별도로 제작했습니다.

한국에 사는 중국인들이 어려운 일을 겪을 때(산업재해, 사고, 질병, 부당한 인권침해 등) 교회가 돕는 역할을 하고 있으며, 중국인들의 피난처가 되어주고 있습니다.

3) 서울중국인교회와 나누는 전도부흥운동의 은혜

대한예수교장로회 총회가 진행하는 [전도부흥운동]에 본 교회도 적극적으로 참여하고자 하며, 본 교회는 전도운동을 위해 특별히 본 교회의 비전을 소개하는 팜플렛을 중국어로 만들어 사용하고 있습니다.

[교단총회 전도부흥운동 성과보고서 내용]

-서울중국인교회 최황규 목사

1. 전도 준비.

서울중국인교회(담임목사 : 최황규)는 한국에 체류하는 중국인들을 위한 교회이며 중국어로 예배를 드린다. 교회 위치는 한국 최대의 차이나타운이라고 불리는 영등포구 대림동이다. 2003년 창립된 본 교회는 그동안 중국인들을 위한 다양한 활동을 해왔다. 그러나 2020년 초 발생한 코로나 바이러스는 본 교회에 가장 큰 위기와 교회의 존립과 생존까지 위태롭게 하였다. 코로나 바이러스가 중국의 '무한'에서 발생하였고 본 교회가 중국인들이 모이는 교회이기 때문에 [서울중국인교회]에 가면 코로나 바이러스에 걸린다는 인식이 형성되었기 때문이다. 예배 참여자들이 3분의 1로 감소했다. 코로나 3년여의 시간 동안 교회 담임목사로서 깊은 고심과 교회의 미래를 여러 가지 면에서 생각하고 돌파구를 찾기 위해 묵상하고 기도하면서 교회 부흥 프로그램을 구상하였다. 결론은 교회의 위기를 벗어나고 교회에 생명력을 불어넣고 교회의 미래를 열어가는 길은 [근본]으로 돌아가는 것 즉 예수님께서 제자들과 교회에 분부하고 위임하신 [전도]라고 보았고 이 전도 활동을 구체적으로 구상할 때쯤 [영등포노회 남선교회연합회] 배정수 회장님(한영교회 장로)이 연락해 [전도부흥운동]의 취지와 목적 등을 설명해주셨고 이 설명을 듣고 본 교회는 이 [전도부흥운동]에 크게 공감하고 이 운동에 서울중국인교회도 본격적으로 동참하기로 하였다. 그리고 교회 활동의 틀을 [전도부흥운동]으로 체질화하기로 서울중국인교회의 담임목사로서 결단하였다.

이 [전도부흥운동]과 관련한 준비물은 본 교회를 소개하는 전도용 휴지(중국어), 교회를 소개하는 전도지(중국어), 어깨띠 등이다. 그리고 본 교회 교우들에게 영등포노회 남선교회 연합회 회원들이 본 교회와 연합전도활동을 한다는 광고를 하였다. 아래는 본 교회의 주보에 실린 광고다.

'永登浦老会男宣教会联合会决定于6月3日(周六)与首尔中国人教会一起进行传道活动。有时间的教友希望一起参加。'

2. 전도 실행.

2023년 6월 3일(토요일)에 서울중국인교회에서 진행된 연합전도활동은 대림동 시장, 대림동 공원 등에서 노방전도활동 방식으로 전도용 휴지, 교회 소개 전도지 등을 나눠주며 서울중국인교회를 알리는 방식으로 진행되었다. 6월 3일 연합전도활동은 본 교회로서는 [전도부흥운동]의 첫발을 떼는 공식적인 자리였다고 평가한다. 영등포노회 남선교회 회원 7명이 본 교회에 와서 본 교회 교우들과 함께 전도활동전에 30분간 진행된 기도회는 본 교회의 [전도부흥운동]을 알리고 개시하는 큰 의미가 있는 자리였다고 평가한다.

3. 전도 효과.

6월 3일 첫 전도활동을 통해 그날 당일 전도활동 참가자들의 반응은 여러모로 고무적이었다. 여러 사람들이 서울중국인교회에 대해 문의하고 적극적인 반응을 보인 사람도 여러 명이었다. 개인적으로는 그 날 두 명으로 부터 본 교회에 문의하는 전화를 두 통 받았다. 이번이 첫 활동이기 때문에 장기적이고 지속적인 [전도부흥운동]을 하게 되면 우리가 예상치 못한 성과와 열매들이 있을 것이라는 긍정적 생각이 들었다.

4. 전도 이후.

정기적으로 전화 및 대면 접촉을 하고 태신자와의 대화를 통해 태신자의 삶의 이야기를 듣고 교제를 하면서 인생의 의미와 목적, 하나님이 창조하신 우주와 세계의 의미, 복음과 진리, 신앙과 교회 등에 대하여 태신자의 반응과 태도를 보면서 이야기를 나누고 교회공동체와 신앙공동체로 인도하려고 한다. 그리고 교회에 등록해 신앙생활을 시작할 때에는 신앙양육과정을 통하여 기독교의 기본적 교리를 가르치고 예배의 의미와 중요성을 인식시키고 예배자와 경배자로서 살아가도록 한다. 또한 교회 교우들과의 친교를 통해 교회공동체 안에서 하나님의 자녀로서 잃어버린 하나님의 형상을 회복하고 교회공동체의 섬김과 사랑 안에서 건강한 자아와 건강한 생명체로서 성장할 수 있도록 돕고 인도한다. 그리고 신앙생활을 통하여 하나님과 성경에서 알려주는 자아관, 인생관, 세계관, 가치관, 우주관, 역사관, 국가관 등을 형성해가면서 하나님의 자녀로서 이 세상에서 하나님이 주신 생명의 목적과 사명을 배우고 깨달아 이 사명을 위해 살아가고자 결단하고 일생 이 사명을 위해 노력하는 거듭난 기독교인이 되도록 인도한다. 여기에 필요한 것은 기본적인 양육교재, 성경 읽기, 묵상, 기도 훈련, 찬양 훈련, 거룩한 독서(lectio divina), 예배 훈련, 친교 훈련, 경축과 섬김 훈련 등이다. 이런 훈련은 예배와 교회공동체 안에서 지속적이고 장기적으로 이루어지는 과정이다.

5. 전도계획.

가. 주일 예배 후 교인들과 함께 30분 현장 전도하기.

우선 교인들에게 [전도부흥운동]에 대한 기본적인 오리엔테이션을 하고 이후 곧바로 실행한다. 전도용 휴지, 전도지 등 다양한 전도용 물품 등 활용.

나. 평일 목회자 중심의 현장 전도활동 정기화.

평일엔 중국인 교우들이 대부분 직장에서 일을 하기때문에 시간을 내기가 어려운 현실이다. 중국인들이 있는 현장에 가서 일대일 만남, 식당 등 방문 대화, 공원 등에서 전도활동 등 정기적, 지속적, 장기적 전도활동을 한다. **영등포노회 소속 한국교회가 본 교회의 평일 전도활동을 도울 수 있는 전도 인력을 파송해주면 더욱 효과가 클 것이라 생각한다.**

다. 어린이, 청소년 잠언 읽기 운동을 통한 전도.

1) 잠언 읽기 운동 이유.

한 인간으로 태어나 이 세상에서 살아가면서 가장 중요한 덕목은 성품, 인성이다. 특별히 21세기 4차 혁명이 지구촌을 휩쓸고 인공지능(AI), 자동화, 무인화, 비인간화, 세속화, 가상현실, 비종교화, 탈종교화의 조류가 홍수처럼 세계를 덮쳐오는 가치관 대혼돈, 대혼란의 시대에 인간성을 상실하지 않고 인간으로서 걸어가야 할 길을 알려주고 가르치는 것은 교회, 학교, 국가의 임무와 사명이기도 하다. 특별히 교회의 선도적, 선구자적 역할이 중요하다. 그래서 본 교회는 인류 최고의 지혜서인 [잠언 읽기 운동]을 하고 있다. 본 교회는 잠언 읽기 운동을 위해 [한국어 잠언 책], [중국어 잠언 책], [영어 잠언 책]을 제작하였다.

이 운동을 위해 [어린이, 청소년 하루 한 장 잠언 읽기 운동]이라는 유튜브도 만들었다.

https://www.youtube.com/@Make-Korea-Great-Campaign

2) 다문화 가정 최대의 장애 : 언어(한국어) 장애 문제.

다문화 가정 어머니와 자녀들의 최대 문제가 한국어 장애 문제이다. 이것을 극복하는 길은 한국어 잠언을 반복해서 읽음으로써 삶의 지혜를 얻고 한국어 장애도 극복하는 길이다. 국제결혼이민자 가정(다문화가정) 자녀들의 70% 이상이 고등학교에 들어가지 못하는 심각한 사회현상을 우리는 우려하지 않을 수 없다. 이런 사회현상의 근본원인이 언어 장벽이다.

3) 3개 국어 능통한 인재 배양.

본 교회는 한국어 잠언, 중국어 잠언, 영어 잠언을 어릴 때 부터 반복해서 읽고 외움으로써 3개 국어에 능통한 인재를 배양하는 활동을 하고 있다. 우리 한국의 지정학적 환경은 역사적으로, 지리적으로 이스라엘과 가장 유사하다. 이런 지정학적 조건에서 살아가야 하는 이 땅의 생명들, 어린이들, 청소년들, 그리고 외국인 이민자들(여기엔 중국인, 조선족, 고려인, 탈북자 등도 포함)이 잠언을 읽고 외움으로써 인생의 지혜도 배우고 3개 국어도 마스터하는 길을 본 교회는 제시함으로써 인재 양성을 도모한다. 중국어는 기본, 영어는 필수다. 유대인들은 오랜 세월 가혹한 지정학적 운명을 대학살까지 겪으면서 청소년기에 모세오경 암송과 5개 언어를 기본적으로 가정에서 가르친다. 이 점은 지정학적 지옥이라 불리는 한반도에 사는 우리에게 시사하는 바가 크다. 개인적으로는 3개 국어 잠언 읽고 외우기 운동이 전국 교회로 확산 되기를 꿈꾸고 있고 이 운동을 통해 3개 국어에 능통한 신앙인재 10만명을 배양하여 장기적으로는 한반도의 지정학을 깊이 이해하고 복잡한 국제정세와 역학구도 속에서 우리 민족의 통일을 실현할 인재를 배양하기 위한 것이다. 우리 민족의 모든 혼란과 불안은 남북분단이라는 근원에 있다. 이 근원을 해결하는 길은 통일이다. 이러한 구상은 한반도의 지정학, 우리 민족 역사

속의 신라 화랑도, 율곡의 10만 양병론, 이스라엘의 2000년 디아스포라 유랑 역사, 성경의 출애굽기, 민수기, 신명기 등을 참고한 구상이다.

라. 문서 선교.

본 교회는 문서 선교를 위해 도서 [황하의 물결 : 홍성사 간]를 출판했다. 이 책의 중국어 번역본은 [黃河奔流]다. 이 책 출판의 목적 가운데 하나는 중국인들과 화교(해외 화교 포함), 대만 여행객, 홍콩 여행객, 동남아 화교 등에 한국을 알리고 기독교 정신과 신앙을 전하기 위한 것이다. 중국인들은 [이 책은 韓中관계에 100년 이상, 아니 영원히 영향을 줄 책이다]라고 평가한다.

마. 중국동포 유튜브를 통한 방송 선교.

한국에는 중국동포(조선족)가 80만여 명이 살고 있다. 동포들은 중국이라는 전제(독재)국가에서 공산당 정부로부터 어릴 때 부터 교육을 받아 다른 세계에 대해 닫혀있는 세계관과 역사관을 가지고 있다. 이러다 보니 한국에 사는 중국동포에 대한 한국사회의 시선이 냉정하고 싸늘하다. 한국사회와 중국동포 사이의 이해와 화합의 창구로서 유튜브를 만들었다.
https://www.youtube.com/@chaoxianzuTV

중국동포들은 한국역사와 우리 민족의 역사를 전혀 모른다. 그래서 이 유튜브를 통해 한국 역사와 문화 등을 소개하면서 장기적으로는 80만 중국동포를 향도하고 우리 민족의 궁극적 통일을 향도하는 유튜브가 되려고 한다. 현재 한국의 전국에 사는 중국동포, 미국에 사는 중국동포, 일본에 사는 중국동포, 베트남에 사는 중국동포 등이 이 유튜브를 보고 있다. 그리고 이 유튜브를 통해 간접적 전도를 하고자 한다.

아울러 후에 기회와 여건이 성숙하면 한국에 체류하는 중국인들을 위한 중국어 유튜브 방송을 만들고자 하는 꿈도 가지고 있다. 안타까운 것은 이 유튜브가 중국에서는 볼 수 없다는 것이다.

바. 서울중국인교회 유트뷰를 통한 전도.

본 교회는 성경에 충실한 설교, 성경의 원문에 바탕을 둔 설교, 마틴 루터와 존 칼빈 등 종교개혁자의 설교 형태와 양식을 따른 설교를 하고 있다. 서울중국인교회 유튜브는 현재 한국, 러시아, 대만 등에서도 보는 구독자들이 형성되고 있다. 안타까운 것은 중국에서는 이 유튜브를 볼 수 없다는 것이다.

본 교회 유튜브도 간접적 전노에 기여할 것이라 평가한다.

https://www.youtube.com/@TV-eo8mt

6. 결론

[영등포노회 남선교회 연합회] 주관으로 시행하고 있는 [전도부흥운동]은 교회 부흥과 교회의 미래 그리고 한국 교회 전체에 역동적 활력을 불어넣고 새로운 가능성을 향해 도전하게 하는 운동이라 평가한다.

영등포노회 남선교회연합회 전도지원 활동계획

[서울 중국인교회]

1. 취지와 목적 : 영등포노회 남선교회연합회의 전도지원 활동을 계기로 영등포노회 소속 서울중국인교회가 매 주일 예배 후 전 교인이 30분가량 전도활동을 하기를 요청함
2. 일   시 : 2023. 6. 3. 토요일
3. 장   소 : 서울중국인교회(서울시 영등포구 대림로 140)
4. 연락처 :
   배정수 장로(영등포노회 남선교회연합회 회장/한영교회) : 010-5417-7899.
   최황규 목사(서울중국인교회) : 010-9022-7266)

▶전도지원활동 일정 순서
  ▶10:30 - 11:00 기도회 : 영등포노회 남선교회연합회 배정수 장로 인도 / 찬송 : 2~3개(찬송으로 기도회 준비)
  ▶11:00 - 12:30 전도활동(노방전도) 진행
  ▶12:30 - 공동 식사(식당 예약할 것)
▶참가인원
  ▶영등포노회 남선교회 연합회 : 9명. 주차장 문제 점검할 것

▶서울중국인교회 : 김한나·이평안 집사, 송명희 목사, 최황규 목사, 펑위량 형제
▶전도활동 지역
　▶대림동 공원 및 대림시장 도로, 교회 옆 공원 등
▶준비물
　1. 어깨띠 : 서울중국인교회와 영등포노회 남선교회연합회 용 별도준비
　2. 전도용 휴지 : 건식과 습식　3. 전도지　4. 건빵(아동 전도용으로 제작)

영등포노회 남선교회연합회 회원이 함께하는 주일예배 계획

1. 일시 : 6월 4일(주일) 오후 1시
2. 장소 : 서울중국인교회.
3. 예배는 오후 1시부터 3시까지(2시간)
4. 남선교회 연합회 회원 4명 참여(주차장 문제 점검할 것)
5. 예배 후 진행 : 남선교회연합회에서 교회에 전도씨앗 헌금 전달

4) 서울중국인교회와 함께하는 전도부흥운동의 현장

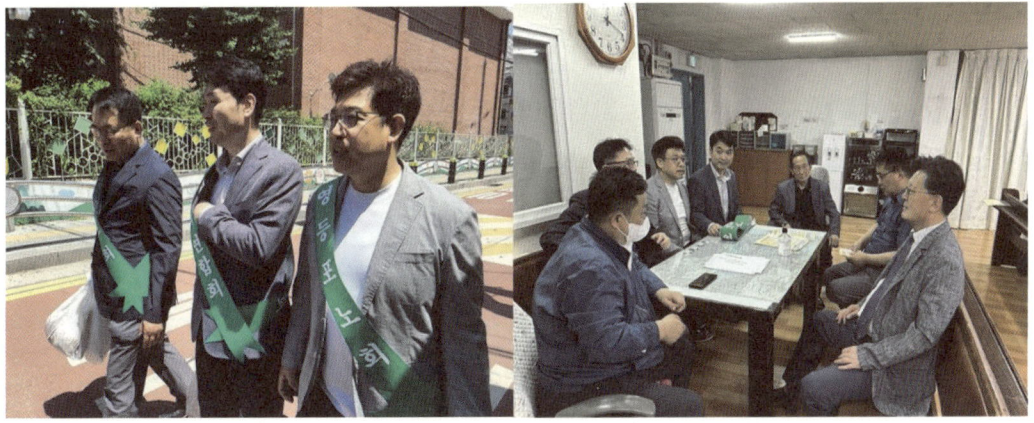

하반기 전도부흥운동을 위한 설문지(서울중국인교회)

1. 상반기 전도부흥운동을 위해 도입한 EDI전도프로그램과 전도카드는 도움이 되셨는지요?
   서울중국인교회는 한국에 체류하는 중국인을 대상으로 전도와 목회를 하는 교회라서 중국어로 된 것이 필요했습니다.

2. EDI전도프로그램과 전도카드는 사용하고 계신지요? 전도카드를 별도로 추가 구입해서 사용하셨는지요?
   1번 답변과 동일합니다.

3. EDI전도프로그램과 전도카드 사용에 대한 추가 교육을 진행하면 참여하실 수 있는지요?
   1번 답변과 동일합니다.

4. 주 중 또는 주 말 전도부흥운동을 자체 계획아래 지속적으로 진행하고 계신지요?
   상반기 전도부흥운동 후 전도의 열매는 있었는지요?
   계속 진행하고 있습니다. 아직 열매는 없으나 쉬지 않고 전도부흥운동을 하려고 합니다.

5. 전도를 위해 전도지, 전도물품, 선물 등을 추가로 구입해서 사용하고 계신지요?
   아직은 추가로 구입하지는 않았습니다. 물품이 떨어지면 추가로 구입할 것입니다.

6. 하반기 전도부흥운동에 가장 필요한 전도용품은 무엇인지요?
   예를 들어 1) 전도카드, 2) 전도지, 3) 물티슈, 4) 선물, 5) 현금
   물티슈나 잡곡이 가장 좋을 것같습니다.

7. 하반기 전도부흥운동은 주최, 주관부서의 임원회의 후 계획을 확정하여 진행하고자 합니다.
   1) 도움이 되어서 교인들과 함께 적극 참여하겠다?
      큰 도움이 되었고 앞으로도 도움이 될 것입니다.
   2) 도움 없이 자체적으로 진행하겠다?

8. 2024년을 위한 전도사업계획에 대한 질문입니다.
   - 금년 상반기 전도사역프로그램을 그대로 반영하면 좋겠다? 적극 찬성합니다.
   - 우리교회는 내년에도 꼭 전도사역을 함께했으면 좋겠다? 적극 찬성합니다.
   - 전도프로그램에 대한 별도의 의견이 있다면?(제안해 주세요)
      국내 외국인 사역 같은 경우(예 : 서울중국인교회) 전도 대상자의 언어로 된 것으로 제작하는 문제를 검토해주셨으면 합니다.

Chapter

4

다시 시작하는
'지교회의 전도부흥운동'

1. 신도교회

담임목사 : 정현철 목사

1) 신도교회의 전도와 선교

[교단총회 전도부흥운동 성과보고서 내용]

구분	내 용
전도 준비	1) 전도지 제작 2) 물티슈 구매 3) 휴대용 티슈 구매 4) 젤리, 사탕, 레모나, 자일리톨 검 구매 5) 차, 음료 준비
전도 실행	1) 길 거리 전도 2) 복음 마차 3) 유소년 및 성인 축구를 통한 전도
전도 효과	1) 매주 1 ~ 2명 정도는 전도하여 등록하고 있습니다.
전도 이후	1) 새 신자 교육(4주)을 통해서 교회를 더 알아가고 교회는 새 신자의 가정 사항을 좀 더 알아가며 서로 어색하지 않도록 지도하고 있습니다.
전도 계획	1) 길 거리 전도 계속 진행 2) 총 동원 전도 대회 계획 3) 강사 초청 전도 세미나 계획 4) 장기 결석자를 위한 전도

Chapter 4. 다시 시작하는 '지교회의 전도부흥운동'

2) 신도교회와 함께하는 전도부흥운동의 현장

2. 영은교회

담임목사 : 이승구 목사

1) 영은교회의 전도와 선교

[교단총회 전도부흥운동 성과보고서 내용]

구분	내 용
전도 준비	예) 전도를 위해 무엇을 준비했는가? (교회현황, 기도, 준비물, 기타) 영은교회 전도 현황 1. 토요전도팀 : 은퇴자 위주로 구성되어 매 주 토요일 오전에 교회 주변 전도 2. 주일전도팀 : 전도훈련(전도폭발) 이수자 위주로 구성되어 매 주일 오후에 교회 주변 노방전도 3. 화요전도팀 : 여성 위주로 매 주 화요일 오전 교회 주변 전도, 전도폭발 훈련생 *각 팀 평균 10명~15명 참여, 출발 전 경건회(기도회) *전도물품 : 일회용 휴지, 요약복음전도지, 사탕(건빵)
전도 실행	예) 어떻게 전도 하였는가? (노방전도, 우편, 모바일 등등) 1. 교회 주변 노방 전도 – 전도지와 전도물품 전달 2. 7분 복음제시 – 전도교육(전도폭발)이수자 및 훈련생
전도 효과	예) 어떤 결과를 낳았는가? (숫자, 교회분위기, 나의생각, 우리의다짐) 1. 매주 전도팀을 활동으로 2~3명이 복음을 듣고 서로 복음에 대하여 대화가 이루어지면서 연락처나 기도제목 받음 2. 매 주 정기적으로 교회 주변 상가를 방문함으로 친숙의 과정을 쌓는다 3. 코로나 이전에는 전도팀의 노방전도로 년 간 5~6명 교회 등록
전도 이후	예) 연결된 태신자(미등록)는 어떻게 관리할 것인가? 1. 매주 방문과 만남을 통하여 친숙이 쌓이면 전도교육(전도폭발)이수자 및 훈련생들을 소개하여 이들이 복음제시를 하고 함께 신앙 생활할 수 있도록 교회 등록
전도 계획	예) 지역사회 복음전파를 위해 나는 무엇을 할 것인가? 　　(앞으로 전도를 위해 우리교회는 또는 나는 무엇을 할 것인가?) 1. 교회는 전도팀을 위하여 지속적으로 전도물품과 식대 등 필요 사항을 지원하고 전도훈련(전도폭발 13주 과정)를 통하여 복음제시와 예수님의 삶을 보여 줄 수 있는 전도팀을 양육한다

Chapter 4. 다시 시작하는 '지교회의 전도부흥운동'

3. 영도교회
담임목사 : 박경원 목사

1) 영도교회의 전도와 선교

[교단총회 전도부흥운동 성과보고서 내용]

구분	내 용
전도 준비	예) 전도를 위해 무엇을 준비했는가? (교회현황, 기도, 준비물, 기타) 1. 영도교회는 매주 화요일마다 노방전도를 나가는 전도특공대가 운영됩니다. • 전도특공대를 전도를 나가기 전, 매주 찬양과 기도로 준비하며, 성령님의 예비하심과 도우심을 구합니다. • 전도용품으로 '물티슈'와 '전도카드'를 나눠줍니다. • 물티슈 뒤에 전도카드를 붙입니다. 이 전도카드에는 '에디전도플랫폼'에서 제공하는 전도영상이 담긴 QR코드를 각인해두었습니다. 2. 교육 • 영도교회 전도특공대는 2022년 하반기, 매주 화요일 12주동안 전도를 나가기 전에 담임목사님께 직접 전도교육을 받았습니다. • 담임목사님과 전도부 담당자가 함께, JESUS FESTIVAL에서 제공하는 EDI전도플랫폼 훈련을 받고, 영도교회 전용 '에디전도플랫폼'을 만들었습니다. • 영도교회 전도부 담당 교역자가 2023년 9월 18-22일까지 전도폭발 훈련을 받았습니다. 3. 영도행전 (새생명 초청주일) • 코로나 전에는 '새생명축제'를 진행했습니다. 코로나 이후, 2023년 기획한 '영도행전'을 통해 성도들이 전도대상자를 작정하고 전도할 수 있는 전도의 장을 마련했습니다. 4. 영도어게인 (노방찬양팀) • 청년 노방찬양팀을 모집하여 운영하였습니다. • 세상에 더욱 쉽게 다가가기 위한 노력의 일환으로 복음의 가치가 담긴 가요를 찾고 연습했습니다. • 버스킹을 할 수 있는 장소를 섭외했습니다. • 버스킹 할 수 있는 장비를 마련했습니다.
전도 실행	예) 어떻게 전도 하였는가? (노방전도, 우편, 모바일 등등) • 교회 안에서 전도특공대를 운영하여 매주 화요일 노방전도를 하고 있습니다. • 코로나 전에는 '새생명축제'를 진행했습니다. 코로나 이후, 2023년 기획한 '영도행전'을 통해 온 성도들이 5,6월 두달동안 집중해서 전도할 수 있는 시간을 가졌습니다. • '영도어게인'(노방찬양팀)을 만들어 시민들에게 힐링콘서트를 제공했습니다.

전도부흥운동 사례집Ⅰ 전도·부흥·운동 누가 할 것인가?

전도 효과	예) 어떤 결과를 낳았는가? (숫자, 교회분위기, 나의 생각, 우리의다짐) 1) 전도특공대 • 전도를 실천하는 이들이 먼저 하나님과의 친밀한 교제를 갖습니다. • 성도들이 교회 주변과 영등포 일대에 복음을 전할 수 있게 되었습니다. • 하나님께서 만세전 부터 택하신 이들이 주님께로 돌아오는 역사가 있습니다. 2) 영도행전 • 전도를 실천하지 못하고 있던 이들에게 전도를 실천할 수 있는 계기가 되었습니다. • 코로나 이후, 진행된 영도행전은 잃어버린 영혼들(장기결석자)이 다시 교회로 돌아올 수 있도록 하는데 마중물이 되었습니다. • 약 800명의 전도대상자를 작정하여, 초청주일 140명의 새신자가 교회에 나왔습니다. 그리고 20명 정도의 전도대상자들이 교회에 꾸준히 출석하여 새가족 교육을 받고 교회에 등록하였습니다. 3) 영도어게인(노방전도) • 세상 사람들에게 더욱 쉽고 친근하게 다가갈 수 있습니다. • 먼저는 하나님의 명령에 순종하여 전도를 실천한 노방전도팀원들에게 은혜가 주어졌습니다. • 하나님께서 만세전 부터 작정하신 이들이 하나님께로 돌아오는 역사를 경험합니다.
전도 이후	예) 연결된 태신자(미등록)는 어떻게 관리할 것인가? • 전도부 인원들이 꾸준히 연락하여 교회에 출석하도록 합니다. • 교회에 출석한 이후, 새가족부에 인계하여, 새가족부가 관리하도록 합니다. • 새가족부는 지속하여 주일예배에 꾸준히 나올 수 있도록 권면하고, 나아가 새가족 교육을 받아 교회에 등록하고 신앙생활 하도록 안내합니다. • 새가족 교육과 등록을 마친 후, 전도대상자가 전도자가 되도록 전도훈련을 제공합니다.
전도 계획	예) 지역사회 복음전파를 위해 나는 무엇을 할 것인가? 　　(앞으로 전도를 위해 우리교회는 또는 나는 무엇을 할 것인가?) • 비둘기처럼 순결하게, 뱀처럼 지혜롭게 복음을 전해야한다고 생각합니다. 따라서 전도부 담당 교역자가 꾸준히 교육을 받고, 또 교육할 것입니다. • 기존에 운영하던 전도특공대를 꾸준히 운영하여 매주 하나님의 지상명령인 전도를 실천할 것입니다. • 전도의 미련한 것으로 복음 전하기를 멈추지 않되, 나아가 시대에 맞는 전략과 이에 따른 다양한 장비들로 기획전도를 전개하고자 합니다. • 세상과 소통하기 좋은 노방찬양팀을 계속해서 운영합니다. • 시즌에 맞는 전도로 기획전도(붕어빵 전도)를 진행합니다. • 매년 영도행전(새생명 초청주일)을 기획하여 온 성도들이 집중하여 전도할 수 있는 시간을 마련할 것입니다. 　Ex) 신호등전도, 붕어빵전도, 우울한 마음을 안아드립니다 등.

Chapter 4. 다시 시작하는 '지교회의 전도부흥운동'

2) 영도교회와 함께하는 전도부흥운동의 현장

구 분	내 용
전도특공대	전도활동
	전도용품
영도행전	2023년 5월 7일 ~ 6월 11일

139

전도부흥운동 사례집 I 전도·부흥·운동 누가 할 것인가?

2023년 6월 11일 영도행전 초청주일	
포토존 운영	말씀 캘리그라피 선물

2부예배 : 버스킹예배자 강한별 초청	3부예배 : 트로트 목사 구자억 초청

식사대접	전도대상자 환영

	2023년 6월 3일, 영등포역 정문 앞에서 영도교회 청년들과 교역자들이 버스킹	
영도어게인 (노방찬양팀)		

4. 한영교회

담임목사 : 나경식 목사

1) 한영교회의 전도와 선교

[교단총회 전도부흥운동 성과보고서 내용]

구분	내 용
전도 준비	예) 전도를 위해 무엇을 준비했는가? (교회현황, 기도, 준비물, 기타) • 코로나펜데믹으로 중단되었던 전도대 활동을 재개하였고, • EDI전도제자훈련원의 전도카드를 인쇄물과 함께 전하고, 전도용품으로 정금소금을 준비하였고, • 아동부, 유년부, 소년부, 중.고등부, 청년부에 EDI전도카드를 도입, 누구나 전도하고, 전도용품으로 상품권, 휴대용선풍기 등을 준비하고, • 전교인을 대상으로 가족, 친구, 이웃 등 가까운 관계에 있는 분들 전도하기 홍보.
전도 실행	예) 어떻게 전도 하였는가? (노방전도, 우편, 모바일 등등) 1. 전도대를 통하여 전도카드와 기존 전도대 운영방식의 노방전도를 실시하고, 2. 각 교육부서, 청년부 교역자들을 통하여 다음세대에게 전도카드를 통한 영상시청으로 관계전도를 하며, 3. 교회 입구에 배너, 프랜카드와 데스크를 설치하고, 전도카드를 비치하여 교인들이 언제든지 전도를 할 수 있도록 상시 홍보, 권면을 하고 있음
전도 효과	예) 어떤 결과를 낳았는가? (숫자, 교회분위기, 나의생각, 우리의다짐) • 기존 전도대의 전도방식과 전도카드를 이용한 방식에 아직 큰 반응은 없으나 씨 뿌리는 심정으로 전도와 홍보를 계속하고 있음.
전도 이후	예) 연결된 태신자(미등록)는 어떻게 관리할 것인가? 1. 어린이 등 다음세대와 장년에 이르기 까지 전세대가 생활속에 전도를 할 수 있도록 전도를 권면하여, 실행하도록 기도합니다.
전도 계획	예) 지역사회 복음전파를 위해 나는 무엇을 할 것인가? 　　(앞으로 전도를 위해 우리교회는 또는 나는 무엇을 할 것인가?) 1. 밀알헌금을 활용하여 각 남·여선교회에서 지역의 어려운 이웃을 섬기고, 노숙인들에게 교회에서 예배 후 용돈지급 등 어려운 이웃에게도 말씀을 꾸준히 전하고, 2. 전세대가 전도카드를 이용하여 생활속에 전도를 이어가도록 꾸준한 안내와 홍보를 이어갈 계획입니다.

5. 양평동교회

담임목사 : 김경우 목사

1) 양평동교회의 전도와 선교

[교단총회 전도부흥운동 성과보고서 내용]

구분	내 용
전도 준비	코로나 기간에도 끊임없이 전도에 열을 올렸던 양평동교회입니다. 지난 22년도에는 다양한 초청행사와 집회를 통해 코로나 이전만큼의 참여와 출석을 올렸고, 100여명의 성도로 구성된 중보기도 팀이 지속적으로 기도하며 코로나 이후 23년에는 새로운 전도위원회를 출범시키고 '기도, 행정, 공연, 기획, 노방전도' 등의 5개 팀을 조직하여 60여명의 임원과 전도위원들이 왕성하게 달릴 준비를 마쳤습니다. 무엇보다 전도만을 위한 기도 전도팀을 조직하여 매주 1시간씩 35명이 모여 기도합니다.
전도 실행	작년 가을에 전도 축제를 했을 때만 해도 노방전도에 대한 부정적 인식이 매우 강했었지만 지금은 상황이 좋게 바뀌었습니다. 화, 토요일 두 번의 노방전도를 시행 중이며 타 교회와 다른 점은 일반 전도지 외에 특정의 초청장(연예인, 콘서트, 교회자체행사 등)을 지속적으로 준비하여 관심도를 높였고 지역사회를 잘 분석하여 12개의 경로당을 순회하며 공연과 메시지를 잘 전하며 좋은 분위기를 이어나가고 있습니다. 온 교우에게 모바일 초청장을 활용하도록 배포하고 적극적으로 전도하고 있습니다.
전도 효과	12개의 경로당 중에 7경로당에서 전도한 후 30여명의 어르신이 교회를 방문 또는 등록(5월 14일 주일에 20명)했습니다. 뿐만 아니라 상시노방 전도(화, 토)와 적극적인 공연전도를 병행함으로 본 교회 성도들도 전도에 관심과 의지가 높아졌고, 지난 5월 14일 초청주일에는 간이의자 50개를 깔고 예배드릴 정도로 본당에 자리가 없었습니다. (교회학교 포함 900명 예배) 교회학교는 중고등학교에 전도의 목적으로 예배를 만들어 진행 중이며 적극적인 전도로 교회 전체가 부흥하고 있습니다.
전도 이후	전도를 통해서 꾸준하게 매주 등록하는 분들과 초청주일 및 주중 노방 전도와 공연 및 경로당 전도를 통해 등록하신 분들은 일차적으로 새가족위원회를 통해서 세심한 관리가 이루어집니다. (연락, 교육 등) 또한 전도위원회가 관련된 분들에게 맨투맨으로 지속적인 돌봄이 이루어집니다. 전도 팀 전원이 복음명함(이름, 연락처)이 있고 전도대상자 및 필요한 분들에게 전달하여 개별적으로 챙깁니다. 무엇보다 전도된 분들이 빠르게 정착하도록 해당교구와 구역을 빠르고 긴밀하게 연결하고 있습니다.
전도 계획	양평동교회는 116년의 역사와 전통이 깊은 교회이지만 변화하는 지역사회를 잘 분석하고 적용하여 다음세대는 학교에서 예배를 만들어 진행(선유고, 선유중 등)하고 장년은 직장선교 및 경로당, 노방 전도(초청행사)를 통해 적극적으로 다가가 성공하고 있습니다. 양평동교회 주변으로 여러 기업과 젊은 세대가 많은데 지금 좋은 결과를 내고 있는 찾아가는 맞춤형 전도로 효과적이고 생산적인 사역을 해 나아갈 계획입니다. 그렇기 위해 온 성도가 한 마음을 갖고자 기도할 것입니다.

Chapter 4. 다시 시작하는 '지교회의 전도부흥운동'

2) 양평동교회와 함께하는 전도부흥운동의 현장

2023년 양평동교회 전도위원회 전반기 사역

I. 전도위원회 처음에서 현재까지
- 22년 10월 정책당회를 통해 코로나 이후 버전의 전도위원회 출범을 결의함
- 23년 01월 전도위원회 기획 전략을 논의하고 발표함(담당 목사)
- 23년 02월 담임목사님을 중심으로 전도위원회 구성 및 매 주 임원회의
- 23년 03월 기획, 행정, 기도, 노방, 공연 팀으로 5개 조직 구성 및 출정식 준비 및 진행
- 23년 04월 경남아파트를 시작으로 총 12개 노인정 방문 전도를 시작
- 23년 05월 14일 초청전도주일에 54명 등록(노인정에서 20명 이상 방문) 및 성전 900명 예배

II. 주요사역
- 상시노방전도 : 화요일, 토요일 총 2개 팀으로 나눠서 선유도역을 중심으로 인근에 2인 1조로 구성해 출정식 이후 매주 화, 토요일에 노방 전도(전도지 및 초청장)를 시행 중. 코로나를 어느 정도 지나가며 시기적으로도 적중했고 교회 내에 전도의 바람과 함께 적절한 콘텐츠를 준비해(초청주일, 경로당, 콘서트, 유니폼) 효과를 높임. 전도명함 제작.
- 경로당 전도 : 양평동 내에 총 12개 경로당을 섭외하여 공연과 선물 나눔 등을 시도하고 말씀과 기도가 있는 전도를 시행함. 악기 연주와 댄스 등의 멋진 공연과 담임목사님의 조화로운 진행을 통해 가장 효과적인 마음전달이 가능해져서 실제적인 전도의 열매를 보게 됨
- 기도 전도 : 중보 기도로 후원하는 기도 전도 팀은 전도위원회 사역의 핵심이라 할 수 있음. 현재 30명 이상이 주일 오후 2시에 모여 매주 업데이트 되는 기도제목으로 기도 중. 5명의 팀 리더(기도인도자)를 세워서 돌아가며 출석체크, 인도, 관리 등을 하고 있음

- 공연 전도 : 경로당 전도에 공연 팀으로 합류하고 초청주일과 같이 전도사역과 공연이 합쳐진 경우, 전반의 내용을 맡아 진행함. 악기 연주 및 댄스 등의 다양한 공연의 기획 및 실행함
- 교회학교 사역 및 교회 내 전도와 관련된 모든 영역에서 적절한 연합과 지원을 담당함. 5월 27일 기독교문화 선교단체인 '노아'와 교육부가 연합하여 사역하는데 전도위원회가 노방전도를 통해 알리고 재정후원 및 콘서트 당일에 여러 부분에서 섬김으로 지원함

Chapter **4.** 다시 시작하는 '지교회의 전도부흥운동'

6. 경일교회

담임목사 : 김용희 목사

1) 경일교회의 전도와 선교

[교단총회 전도부흥운동 성과보고서 내용]

구분	내 용
전도 준비	우리교회는 청년과 교육부에 비해 상대적으로 장년층이 많으며, 또한 65세 이상이 60% 이상을 차지하고 있습니다. 153전도(일년에 5사람을 작정하고 3사람을 전도하는) 예비신자 전도작정서를 제출하게 하고, 이를 위해 전도부와 새가족부에서 계속적으로 기도하고, 에디카드(모바일 전용)과, 스마트폰거치대(젊은이 선호) 용품 등을 활용하고, 영접기도문을 잘 활용하여 전도를 계획하고 있습니다.
전도 실행	전도부 주체로 오이코스 전도교육을 받았습니다. 그리고 전 교인을 상대로 오후 찬양예배 시간을 이용해 오이코스 전도교육을 8주 동안 교육을 실시하고 있습니다. 코로나 이후 전도패러다임의 방향성을 전환해야 하는 의미와, 친밀하게 만나는 생활관계 전도를 통해 복음으로 살아가며 전도하는 프로그램을 준비하고, 교육 후 오이코스를 찾아가 전도를 실질적으로 하고 있습니다. 에디전도카드를 이용하여 모바일 전도를 함
전도 효과	오이코스 교육을 통해 가까운 가족, 지인들을 만나 전도함으로 5월 셋째 주 총동원전도주일 34명의 새신자가 전도 되었습니다. 교회의 분위기는 우선적으로 오이코스를 전도하는 것이 새신자가 등록하여 정착할 수 있는 효과가 있다는 것을 실감했으며, 전도와 교육을 맡은 저의 생각은 바른전도의 방향이라고 생각하며, 교인들도 가까운 가족과 친지, 지인이 교회에 다니지 않고 있다는 것을 인식하고 전도의 필요성을 느낌
전도 이후	미등록 교인은 우선적으로 전도한 사람과 연결되어 있고, 또 교회의 전도부, 새가족부 이렇게 3팀이 연결되어 연락하고 관리함으로 효과적으로 할 수가 있고, 미등록 교인들의 상황을 빨리 파악하여 등록할 수 있는 정보와 기도제목을 나눔으로 친밀하게 다가가고, 적어도 1년은 함께 관리함으로 등록하여 신앙생활을 할 수 있도록 꾸준히 관리 할 계획입니다.
전도 계획	지역사회 행사나 프로그램에 적극참여 하여 만남을 갖고, 교회에 가까운 곳 부터 전도카드(에디카드, 티슈, 전도지)를 전해주며 찾아가 대화를 하는 방법이 좋으며, 앞으로 우리 교회의 비전은 매주 교육 후 영접기도문을 가지고 가까운 사람을 만나는 생활관계 전도를 실시하고, 일년에 2번 초청하는 전도행사를 가질 계획입니다.

Chapter 4. 다시 시작하는 '지교회의 전도부흥운동'

7. 치유하는교회
담임목사 : 김의식 목사

1) 치유하는교회의 전도와 선교

[교단총회 전도부흥운동 성과보고서 내용]

구분	내용
전도 준비	우리 치유하는 교회는 코로나 이전 기준 성도 수 5000명 규모의 교회였다. 코로나 이후로는 여러 가지 상황과 맞물려 현재는 3200명(교회학교 포함)의 성도가 예배에 참석하고 있다. 우리 치유하는 교회 전도팀(이하 예술 전도대)는 매주 월요일 금요일 주 2회 전도로 모이고 있다(그림-전도 모임). 팀이 모였을 때 중요한 포인트는 분위기와 분명한 목적이다. 전도팀이 먼저 모이면 찬양과 교제를 통해서 우리가 하나님의 일을 감당하고 있다는 분위기를 조성하고, 성령님이 이 구원 사역에 역사 하시도록 기도회를 진행하고, 전도할 대상과 특별히 주의해야 하는 부분들을 나눈 뒤에 구호를 외치고, 전도를 나가게 된다. 전도를 나갈 때, 전도지와 교회 홍보지(그림-교회 홍보지), 물티슈를 챙겨가게 된다. 각 사람에게 50에서 100장까지 준다. 과거에는 물티슈를 많이 사용했지만, 현재는 코로나 이후로 마스크를 나눠 주고 있다. 최근 마스크 규제가 풀렸기 때문에 하반기에는 다른 물품을 교체를 생각하고 있다.
전도 실행	예술전도대에서 하는 전도는 크게 두 가지 방식으로 진행되는 데 노방전도와 관계전도이다. 많은 이들이 노방전도는 효과가 없다고 한다. 그러나 우리는 그렇게 생각하지 않는다. 예술전도대는 노방전도를 통해 전도효과를 어느 정도 거두고 있다. 특히 우리가 사는 화곡동 지역의 정서는 시골 같은 정서가 있고, 저소득층이 많으며, 아파트 단지가 많지 않은 관계로 노방전도 효과가 꽤 있는 편이다(그림-노방 전도). 당연히 노방전도만으로 충분하지 않다. 그래서 관계전도를 병행해야 하는데 예비 신자를 두고 책갈피 크기의 기도카드를 나눠준다(그림-예비신자카드). 예비 신자 후보를 정하고 공유하며 여럿이서 합심하여 기도하면서 계속 찾아가서 만나고 교제하고 대접하는 방식으로 전도를 진행하고 있다.
전도 효과	우리 교회는 매년 2번의 전도 축제를 열고 있다. 특히 부활 주일과 추수 감사절을 앞둔 3월과 10월, 온 교회가 전도에 힘쓰는 시기이다. 이전에 다뤘던 예비 신자 카드가 본격적으로 사용되는 시기이며, 예비 신자 카드 대상자들을 대상으로 교회로 초대 한다. 지난 3년간 정도 현황이다(그림-전도축제 통계). 코로나가 본격적으로 시작되었던 2020년에는 제대로 된 전도를 할 수 없었던 상황과 당시의 비대면 상황에서 전도 자체를 시도하는 것에 만족했던 시기였다. 회복의 기미가 보였던 것은 2022년부터 700에서 900 사이에 예비 신자 대상자들이 교회를 방문했다. 물론 등록자가 많지 않은 것은 옥에 티이기는 하지만 그럼에도 불구하고 우리 교회가 수만은 재정을 써가면서 이 구원 사역을 계속 해 나가는 것은 단 1번 이라도 교회 나와 천국에 기쁨과 교제와 사랑과 섬김의 과정을 통해 그들을 부르신 하나님을 경험케 하고 싶은 것이다.

전도부흥운동 사례집 I 전도·부흥·운동 누가 할 것인가?

전도 이후	전도 축제 당일 교회 오신 모든 분들은 전산화 처리가 된다(그림-접수처). 앞쪽은 수기로 작성된 전도 양식지를 접수하면 바로 뒷줄로 전달하면 전산처리가 되는 방식을 취하고 있다. 동시에, 전산화된 수치는 실시간 엑셀로 각 교구 목사에게 보고가 되는 방식이다. 여기에 등록이 되신 예비신자는 바로 선물권을 할당받게 되는데 오늘 예배를 마치고 나올 때, 소정의 선물을 받는다 (그림-선물 배부처). 선물은 행사 때마다 다르며, 10,000원이 넘지 않는 범위에서 선물을 예술전도대 추천과 투표로 결정한다. 행사 이후 전산화된 자료는 새가족부 담당과 국내전도 담당이 공유하게 된다. 별개로 전도 카드에 수기로 작성된 양식지는 각 교구목사에게 할당된다. 데이터는 새가족부에서 보관, 관리하고, 수기 작성카드는 교구에서 보관하여 계속 출석 여부를 파악한다.
전도 계획	전도를 위해서 가장 중요한 것은 교회의 부패된 이미지를 회복하는 것이다. 현재 교회는 세상에서 참 미움을 많이 받는 분위기이다. 말세의 징조라고 볼 수 있겠지만, 같은 종교인이 보더라도 윤리적으로, 도덕적으로, 종교인들의 사건, 사고가 빈번한 상황이기 때문에 믿지 않는 사람들에게는 그것이 굉장히 끔찍한 일이 될 수도 있을 것이다. 사실 전도는 예전이나 지금이나 크게 차이가 없다. 단지 갈수록 개인주의, 물질주의가 만연해지고 있다는 것이 문제이며, 교회도 그 분위기에 휩쓸려 가고 있다는 안타까움이 있다. 교회가 지역사회를 제대로 섬기고, 이 시대의 교회로서의 순기능을 회복한다면 자연스럽게 전도는 이루어질 것이라고 단언한다. 지금도 불철주야 영혼 구원을 위해서 전도 사역을 감당하는 우리 전도 대원들의 사역을 바라보면 아직 이 시대는 분명 소망이 있다고 확신하며 전도 보고를 마치고자 한다.

2) 치유하는교회와 함께하는 전도부흥운동의 현장

Chapter 4. 다시 시작하는 '지교회의 전도부흥운동'

교회 홍보지

년도	행사명	초청자 수	등록자 수
2020	새생명 초청축제	46	4
	해피데이축제	211	9
2021	새생명 초청축제	415	36
	해피데이축제	839	62
2022	새생명 초청축제	704	64
	해피데이축제	918	76
2023	새생명 초청축제	1,315	116

전도축제 통계

전도부흥운동 사례집 I 전도·부흥·운동 누가 할 것인가?

노방전도

선물 배부처

접수처

Chapter 4. 다시 시작하는 '지교회의 전도부흥운동'

8. 영등포교회
담임목사 : 임정석 목사

1) 영등포교회의 전도와 선교

[교단총회 전도부흥운동 성과보고서 내용]

구분	내 용
전도 준비	1) 교회현황 : 지난 2년간 전도부 사역은 기존 성도들과 교회를 연결해주는 사역에 집중했습니다 (예 : 구역별 문고리심방). 올해는 방향을 바꾸어 가족과 이웃, 지역주민들을 전도하자는 목표를 두고 작년 정책당회 때 부터 검토 시행하였습니다. 2) 한사람 전도주일 : 전도행사의 명칭은 한사람 전도주일로 4월 23일 시행하였습니다. 새가족이 1회성 방문에 그치지 않고 연속 방문할 수 있도록 교회창립 120주년 기념행사를 한사람 전도주일과 연계하여 전도했습니다(바자회, 음악회 등)
전도 실행	1) 관계전도 : 브로셔에 전도행사 일정과 방법, 기도제목, 태신자 목록, 전도관련 영상을 연결한 QR코드를 넣어 전도를 실천할 수 있도록 도왔습니다. 2) 노방전도 : 수요일에는 기존 전도팀으로, 금요일에는 구역장 권찰 중심으로, 토요일에는 남성도 중심(떡볶이,팝콘)으로 교회 앞 및 거점지역을 중심으로 시행했습니다. 3) 전도지 : 전도지에는 강사 홍보(김형석 교수), 창립 120주년 행사, 교회 문화생활 소개(한자교실, 영어성경반, 농구/탁구 활동 등)를 넣어 피전도자가 전도행사 및 교회에 관심을 가질 수 있도록 유도했습니다.
전도 효과	1) 행사 당일 약 260여명이 방문했으며, 성전예배 출석 1000명을 달성했습니다. 2) 교회분위기 : 4년만에 치른 전도행사기 때문에 목표를 '한사람'에 맞추었습니다. 그 결과 성도들이 어떻게 해서든지 '한사람'이라도 초대하기 위해서 노력하게 됐고, 전도 의식을 심어주는 계기가 됐습니다. 3) 한사람 전도주일 이후 매주 등록자가 지속되고 있습니다. 연말까지 '한사람' 구원을 전도목표로 삼고 계속 전도에 힘쓸 예정입니다.
전도 이후	1) 행복한 5주동행상 : 새가족 등록 기준인 5주를 출석한 새가족과 인도자 모두에게 함께 식사를 할 수 있는 상품권을 제공할 예정입니다(재출석 격려) 2) 교회생활 오리엔테이션 : 등록자들을 위해 교회생활의 여러 모습(교육/양육, 세례교육, 등록심방, 봉사, 취미활동 등)을 소개하여 관심 분야에 연결해드리고 있습니다. 3) 등록 후 구역과 선교회에 연결해드리고 있습니다. 4) 환영회와 야유회 등 새가족 및 교인들의 친교프로그램을 시행할 예정입니다.
전도 계획	아크로아파트 광장에서 개최한 행복콘서트를 통해 지역주민들의 교회에 대한 호감도가 증가했습니다. 지역사회 거점을 중심으로 교회가 도울 수 있는 일을 모색하고(찾아가는 전도), 교회 시설과 프로그램을 활용하여 지역주민들이 교회의 문턱을 자연스럽게 넘어올 수 있도록 연구할 계획입니다(찾아오는 전도). 또한 본 행사에 전도기관 (사)복음의 전함과 연계했는데, 향후에 에디플랫폼 등 현 시대에 적합한 전도소스를 연구하여 교회 적용방안을 찾아볼 계획입니다.

9. 도림교회

담임목사 : 정명철 목사

1) 도림교회의 전도와 선교

(1) 도림교회의 역사와 지역에서의 역할

도림교회는 1926년 영등포교회로 부터 분립하여 시작되었습니다. 도림교회는 가난한 마을이었던 모랫말에서 민족의 역사와 함께한 교회입니다. 일제하에서 목회자들은 항일운동으로 감옥을 드나들었고 청년들은 학도병으로 끌려갔습니다. 6.25전쟁 시기에도 여러 청년들이 전사했습니다. 전쟁으로 인한 폐허 가운데 다시 일어나 한국교회의 대표적인 교회가 되었고, 지금은 한국교회에 비전을 주는 교회로 성장해 나가고 있습니다. 특히 5대 담임목사님이신 정명철 목사님이 부임한 2007년 이후로 매년 교구가 확장되었고, 2027년 100주년을 앞두고 새성전 비전센터의 건축 그리고 교육관인 드림센터의 리모델링을 통해 더 큰 부흥을 꿈꾸고 있습니다. 도림교회는 앞으로 다음세대를 향한 꿈과 비전을 더욱 구체화시키고 세계선교를 더욱 활발하게 펼쳐 나갈 것입니다.

도림교회는 사회복지나 사회봉사라는 개념이 아직 잡혀있지 않던 1960년대 초반에 지역사회개발원을 개설하여 세상 속에서 소금과 빛의 사명을 감당하기 위해 힘썼습니다. 비전센터 1층의 모든 공간은 이웃 주민들을 위한 시설로 구성되었습니다. 더웨이위드유 카페, 신협, 음악감상실, 십자가 전시실, 갤러리, 콘서트홀, 행복을 파는 가게, 도서관, 스포츠 라운지(탁구. 당구. 스크린 골프) 등 주민들이 자유롭게 사용할 수 있도록 개방하고 있습니다. 특별히 스포츠라운지의 운동시설과 콘서트홀, 음악감상실 등은 원하는 시간에 신청을 하면 무료로 대여해 주고 있어 이웃 주민들에게 큰 호응을 얻고 있습니다. 뿐만 아니라 1층과 6층은 환경 친화적인 정원을 구성하여 포토존을 설치해 이용할 수 있도록 했습니다. 이렇게 함으로 세상 사람들이 교회 오는 부담감을 덜고 편하게 교회로 올 수 있는 기회를 만들어 주고 있습니다.

디아코니아센터에서는 지역 내의 결식의 우려가 있는 60세 이상의 독거노인 및 저소득 가정의 어르신들에게 식사를 제공하는 경로식당 사역, 매년 성도들의 저금통을 모아서 한 부모 가정과 지역 내 학교 장학금을 지원하고 있으며, 노인학교와 교육부로 부터 학력인정을 받는 한글학교, 생활 형편이 어려운 지역 주민들의 주거환경을 개선하기 위해서 집수리 사역과 이, 미용 사역, 지역주민들과 다음세대를 위한 다양한 음악교실, 주민도서관, 신협, 장학회, 장애인들을 위한 시설 등을 통해 지역 주민들의 삶과 환경을 개선하기 위한 직접적인 노력들이 해마다 결실을 맺고 있습니다. 매년 10월 '손해 보는 바자회'로 명성이 높은 특별한 이 행사는 이윤을 남기기보다 지역 주민들에게 예수 그리스도의 사랑만을 남기고 전하면 그것만으로 충분하다라는 복음의 사명을 위해 온 성도들이 힘을 모아 섬기고 있으며 1일 바자회를 위해 1년을 준비할 만큼 교인들의 참여도와 주민들의 만족도가 매우 높은 섬김의 사역입니다.

이처럼 도림 교회의 섬김의 사역은 철저히 복음 전도의 사명을 원칙으로 지역사회 선교와 복지를 위해 최선을 다하고 있으며 코로나 시대에도 주민들을 위해 개방된 넓은 카페와 상설 '행복을 파는 가게'등을 통하여 얻은 수익금 전액을 불우한 이웃을 돕고 장학금으로 인재를 양성하는 등 정체되지 않는 사역, 지칠 줄 모르는 섬김, 끊임없이 변화하며 시대에 맞는 섬김의 모양을 갖추기 위해 오늘도 최선을 다하고 있습니다.

(2) 도림교회의 중점사역과 교회성장 계획

도림교회 중점사역은 교회의 다섯 가지 사명(예배, 전도, 교육, 섬김, 교제)과 예수님께서 이 땅에서 행하신 3대 사역(복음전파, 가르침, 치유)을 이 땅에 실현하면서 예수님을 따라 복음의 길을 걸어가는 것입니다.

먼저 예배입니다. 예배가 살아야 교회가 살아난다는 확신을 가지고 예배가 성도님들의 신앙에 중심이 되도록 강조하고 있습니다. 주일예배는 초신자들에게 맞추어서, 수요예배는 신앙의 깊이를 더할 수 있도록 중직자에 초점을 맞춰 설교와 순서가 준비됩니다. 기도회도 하루를 기도로 시작하는 새벽기도회, 하나님을 향해 뜨겁게 찬양하고 부르짖는 금요기도회는 성도님의 기도 열기로 충만합니다. 매달 첫날 드려지는 월삭기도회에는 많은 성도님들이 함께 참석하여 말씀과 기도로 한 달을 시작합니다. 영과 진리로 예배하며 예배가 회복되도록 힘쓰고 있습니다.

둘째는 전도와 선교입니다. "건강한 교회는 부흥하는 교회이다"라는 확신을 가지시고 성도님들이 합심하여 전도하는 일에 힘쓰도록 합니다. 2023년에는 총동원 전도행사인 '2023 위대한 행진'을 진행했지만, 2023년 연중 1.2.3 전도대행진을 통해서, 한 영혼을 품고 기도하기, 구역 배가에 힘쓰기, 세 사람이상 전도하기를 다짐하여 전도하고 있습니다. 선교는 교회의 사명으로 도림교회가 가장 중점을 두고 있는 사역입니다.

셋째는 교육입니다. 도림교회가 새성전을 건축한 것도, 교육관을 리모델링 한 것도 모두 다음세대를 위해서였습니다. 100주년 이후에 우리의 자녀들이 예배드릴 아름다운 처소를 준비하고 그리고 자녀들을 말씀으로 키워낼 교육환경을 준비하는 것이 가장 중요하다고 생각했기 때문입니다. 매년 열려지는 교회학교의 프로그램들은 일상적인 연례행사가 아니라, 우리 자녀들이 행복하게 참여할 수 있는 행사들로 기획되며 아이들이 자연스럽게 예배자로 신앙인으로 자라날 수 있도록 돕습니다.

넷째는 섬김입니다. 도림교회는 지역사회를 위해 활짝 열려진 교회입니다. 비전센터의 주제인 The Way는 지역사회를 위해 나아가는 '길'을 상징합니다. 그리고 지역주민들이 교회로 나아오는 '길'입니다. 비전센터는 지역주민들이 부담없이 교회로 들어올 수 있도록 모든 면에서 많은 준비를 하였습니다. 비전센터 1층의 까페(The Way with You), 콘서트홀은 무료 결혼식 장소로, 지역 주민들이 재개발사업등을 위한 공청회 장소로, 연주회 등의 장소로 제공됩니다. 골프, 탁구, 당구 경기를 할 수 있는 스포츠라운지도 지역주민들이 사용할 수 있고, 교회내에 있는 실내체육관, 풋살경기장도 지역주민들이 신청만 하면 사용할 수 있습니다. 앞서 언급한 디아코니아센터의 모든 사역을 더욱 발전시켜 이웃을 섬기는 교회로 나아갈 것입니다.

마지막은 교제입니다. 도림교회는 성도간의 교제도 중요하게 생각합니다. 성도의 교제는 교회를 천국으로 만듭니다. 슬픈 자가 와서 위로를 받고, 상처 입은 자가 와서 치료를 받고, 부족한 자가 와서 넉넉하게 되는 그래서 우리 교회는 모두가 주 안에서 행복하게 되는 우리는 초대교회와 같이 되기를 꿈꾸고 있습니다.

특별히 집중하려고 하는 사역은 다음세대와 노인사역입니다. 다음세대를 준비하지 못하면 씨앗을 남겨놓지 못한 농부와 같은 아픔을 겪게 될 것입니다. 도림교회는 새성전 건축을 마치고 재정적으로 매우 어려운 상황에 있었지만 다음세대를 위한 교육관과 이웃을 위한 디아코니아센터를 대대적으로 리모델링했습니다. 다음세대를 위하여 최신식시설로 바꾸었고 실내농구장, 배구장 및 풋살장 등을 만들었습니다. 다음세대에 대한 관심이 있었기에 가능했던 일들입니다. 계속해서 교사양육과 교육시스템에 대한 부분을 관심을 가지고 집중하고 있습니다. 노인사역에 대하여 하나만 이야기하자면 앞으로 백세시대를 맞이하며 노인들의 삶이 매우 건조해질 것입니다. 이들을 위해 학교처럼 매일 교회에 나와 활동을 할 수 있는 노인학교를 구상하고 기도 중 입니다. 이 노인학교는 현재 진행하고 있는 노인학교가 아니라 우리 도림교회 교인들을 대상으로 하는 학교입니다.

[교단총회 전도부흥운동 성과보고서 내용]

[2023 위대한 행진]

도림교회는 매년 전도잔치 및 총동원주일을 통해서 교회가 부흥해 왔습니다. 과거 여러 차례 총동원 전도행사를 통해 15,000명 내외의 초청자를 교회로 인도하였습니다. 그러나 7년간의 교회건축과 3년간의 코로나 여파로 전도행사를 열지 못했습니다. 올해 코로나 방역 지침이 완화되면서 도림교회는 모든 성도들이 전도하는 일에 참여하여 부흥의 불길을 일으키고자 총동원 전도행사인 '2023 위대한 행진'을 진행하였습니다.

1 적극성

2023 위대한 행진은 '대한민국을 뒤흔들 위대한 발걸음'이라는 슬로건을 가지고, 3월 26일(주일) 선포식을 시작으로 5월 28일(주일) 10주간의 행진을 진행하였습니다. 이번 위대한 행진은 도림교회 모든 성도들이 작정하는 일에서 부터 초청&등록하는 일까지 한 마음이 되어 참여하였습니다.

교회 핵심 리더십인 구역장과 권찰들이 앞장서서 1차 작정에 30,039명을 작정하였고, 이후 구역식구들을 작정에 참여할 수 있도록 적극적으로 권면하여 2차 34,437명을 작정하였습니다. 작정에 참여하지 못한 성도들에게는 교구 담당목사와 전도 상황실 대원을 통하여 작정에 한 사람이라도 더 참여하도록 독려하여 최종 64,476명을 작정하였습니다.

위대한 행진의 특징은 지속적으로 예배에 출석할 수 있는 '등록'과 한 번이라도 교회에 방문하는 '초청'으로 구분하여 진행을 하였습니다. 등록의 경우, 즉각적으로 블레싱(바나바) 사역자가 5주 동안 정착할 수 있도록 섬겼으며, 각 교구에서도 등록자 심방 및 정착에 심혈을 기울였습니다. 초청의 경우, 다시 교회에 나올 수 있는 발판을 마련하여 등록까지 할 수 있도록 인도자와 교역자가 함께 돕고 있습니다.

전도부흥운동 사례집 I 전도·부흥·운동 누가 할 것인가?

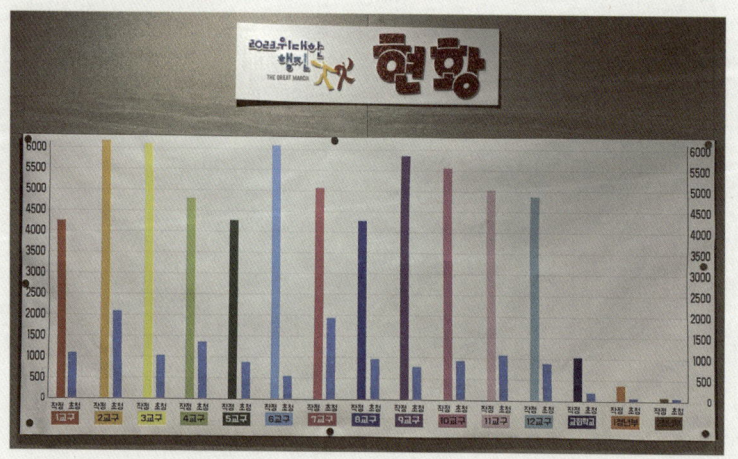

이번 전도행사는 코로나가 종식되지 않는 상황이기에 기간을 9주간으로 확장하고, 12교구를 2교구씩 나누어 6주, 나머지 3주는 전체 교구가 협력하여 전도에 집중을 하였습니다. 그리하여 초청 13,155명, 등록 1,837명, 전체 14,992명을 전도하였습니다.

1) 전도행사기간 : 2023년 4월 2일(주일) ~ 5월 28일(주일) / 총 9주간
2) 교회 전도선포식 및 참여인원 : 3월 26일(주일) 1~6부 예배 시
3) 전도행사
   ① 작정 : 64,476명
   ② 초청 : 13,155명 등록 : 1,837명 전체 : 14,992명

2 다양성

도림교회는 작정에서 부터 초청&등록과 정착에 이르기까지 우리 교회만의 상황에 맞는 방법을 고안하여 다양한 프로그램들을 진행하였습니다.

먼저는 교회 핵심 리더십인 구역장·권찰에게 전도왕 초청 간증 집회를 통하여 전도에 적극적으로

Chapter 4. 다시 시작하는 '지교회의 전도부흥운동'

참여할 수 있도록 훈련하였습니다. 그리고 강화도 선교지 탐방을 통하여 단합하고 전도의 열정을 동기부여하는 계기를 마련하였습니다. 이후 모든 성도들이 함께 전도행사에 동참할 수 있도록 7주에 걸쳐 전도 매개선물을 나누어 주었습니다.

위대한 행진 기간에는 전도 상황실과 교구 전도대를 운영하였습니다. 전도 상황실에서는 각 교구 전도상황들을 파악하고, 전도 물품을 지원, 인도자에게 격려와 독려 전화를 하였습니다. 교구 전도대는 매일 교구별로 10-20명으로 참여하여 10여곳의 거점에서 전도물품(아름다운 신문, 팝콘, 초청장, 물티슈, 손소독제, 전도 커피쿠폰 등)을 나누며 전도에 힘을 썼습니다.

위대한 행진은 온 세대가 함께 하는 전도행사입니다. 교회학교와 청년부도 자체적으로 초청행사를 준비하여 자녀들이 친구들을 초청할 수 있도록 '어린이 뮤지컬 초청공연', 청소년 뮤직 페스티발 DORIM LAND와 같은 전도 초청행사를 진행하여 다음세대들도 전도에 참여하였습니다.

청년

1) 전도 시행 방법
① 교구별 초청 주일 진행
② 작정 1차(구역장·권찰), 2차(전교인)에 나누어 작정인원을 독려
　- '위대한 행진' 오행시 공모전
③ 구역장·권찰 수련회
　- 전도왕 초청 간증 집회
　- 강화도 선교지 탐방
④ 상황실 운영
　- 교구별 1인을 선정하여 상주하며 각 교구 전도 현황파악 및 초청독려 통화
　- 교구별 전도물품 지원
　- 초청 및 등록 현황 파악 게시
⑤ 전교인이 초청자에게 전하는 선물 데이
⑥ 교구별 전도대 운영
　- 물품 : 아름다운 신문, 팝콘, 초청장, 물티슈, 손소독제, 전도 커피쿠폰 등
　- 운영방법 : 매일 교구별 10~20명이 참여하여 전도 거점으로 파송
　- 주요 거점 : 신도림역, 영등포공원, 영등포역, 문래공원 외 10곳 이상
⑦ 홍보전략 : 교회 포스터, 플랜카드, X배너, 아름다운 신문 전면광고, 초청장 제작, 교구 전도대(청년부, 교회학교) 영상제작 후 유튜브 업로드 및 주일 광고 시 방영
⑧ 전도를 위한 기도회 운영
　- 중보 기도회 : 매주 수요일
　- 교구 기도회 : 매주 금요일(금요기도회)
　- 권사 기도회 : 매주 토요일

2) 부서 및 세대별 시행방법
① 어린이 대상
　- 노아 메이커스 뮤지컬 공연
　- 도림랜드(회전목마, 바이킹, 에어바운스 등)
　- 플리마켓 운영 : 새친구 초청 아나바다 장터
② 청소년 대상
　- 도림플래닛 : 청소년 뮤직페스티벌

③ 청년부
  - 우리, 함께 봄 : 새가족 초청 봄 피크닉, 전도대상자를 향한 봄 편지, 너를 위한 느린 우체국
  - 봄날 청춘 : 어노인닝 찬양축제, VIP 초청 순 아웃팅, 구글 초대장 배포
  - 대학시험기간 관계전도 프로그램 / 카페 더 웨이 스터디 위드 미
④ 선교회
  - 소그룹선교회(족구, 축구, 탁구, 골프, 서예 외 25개) 회원 초청
  - 남성 토요전도대 운영 : 매주 토요일
⑤ 구역의 날 : 구역모임을 통하여 전도 대상자 초청
⑥ 전교인 체육대회
⑦ 새가족을 위한 뮤직 축제 : 로페카(남성솔리스트 앙상블) 공연, 힐링콘서트, 작은음악회(카페 더웨이 위드유)

3 효과성

첫째, 2023 위대한 행진을 통하여 전도를 잘하는 전도왕들 뿐 아니라 평소에 전도에 대해 두려움을 가지고 있던 성도들에 이르기까지 부모님, 남편, 자녀, 형제, 등의 가족과 친구, 이웃, 지인들을 적극적으로 초청하며 전도의 불길이 타오르고 있습니다.

둘째, 뒷문을 잠그기 위하여 블레싱 사역자들을 훈련하고 헌신하게 했습니다. 대부분의 등록자들이 관계전도로 이루어져 80% 이상 정착 프로그램인 블레싱 사역이 진행되고 있습니다.

셋째, 전도 기간 내내 새 가족 및 초청자에 맞춘 설교를 준비했습니다. 전도 행사기간 새 가족들에게 눈높이를 맞춘 설교 말씀이 초청되어 오신 분들에게도 공감과 위로가 되어 교회에 대한 긍정적인 마음을 주었으며, 초청자가 가족과 지인을 초청하는 놀라운 일들도 펼쳐지고 있습니다. 그리고 교회 전체적인 분위기가 좋아서 지속적으로 출석하시겠다는 초청자들이 있습니다.

1) 전도방안을 통한 성과
  - 초청 : 13,155명 / 등록 : 1,837명 / 일대일 양육을 위한 블레싱 : 1,480여명 참여
  - 1,000명 이상 정착 기대
2) 전도방안을 통한 효과
  - 관계 전도 활성화
  - 성도들의 전도에 대한 인식이 나도 할 수 있다는 긍정으로 변화 됨

4 지속성

2023 위대한 행진의 목표를 달성함으로 우리 교회를 통하여 역사하시는 하나님을 경험하게 되었습니다. 그리고 성도들은 전도의 필요성과 자신감을 가지게 되었고, 전도행사 후에도 교구별 전도대는 지속적으로 운영되고 있습니다.

2023 위대한 행진은 종료되었지만 올해 목회 중점사항인 '2023년 전도 대행진(1·2·3)'으로 연계하여 모든 성도들이 전도에 동참할 수 있도록 교회 분위기를 만들어 갈 것입니다.

도림교회는 모든 행사에 전도의 영역이 함께 하고 있습니다. 가을에 있을 바자회, 이웃과 함께 하는 음악회에도 지역 주민들을 초청하여 전도의 계기로 삼을 것입니다. 이번 전도행사에 초청되신 분들이

다시 교회로 방문할 수 있는 기회를 제공할 것입니다.

특별히 도림교회는 비전센터를 비롯하여 많은 공간을 지역사회 주민들에게 오픈하여 이들에게 특별한 복지를 제공하여 자연스럽게 복음을 받아들이는 통로의 역할을 감당 할 것입니다.

1) 전도행사 후 지속적인 활동여부
   - 전도대 운영 : 요일전도대, 지역전도대, 남성전도대 외 120여개 운영
   - 2023년 전도 대행진(1·2·3)
     ① 한 영혼을 품고 기도하기
     ② 구역 배가 운동에 힘쓰기
     ③ 세 사람 이상 전도하기

2) 차후 전도행사 시행여부
   - 체육대회, 바자회, 이웃과 함께 하는 음악회
   - 매년 다양한 전도 프로그램을 계획하여 진행

5 확장성

2023 위대한 행진 전도 행사기간 도림동 장미마을 축제가 있어 부스를 마련하여 지역사회의 일원으로서의 역할을 감당하기 위해 지역 주민들에게 무료로 붕어빵, 손소독제 등을 제공하였습니다. 도림교회는 학원선교(초·중·고등학교 장학금 전달), 사랑의 천사운동(치료비 지원), 사랑의 집수리 봉사(영등포구청과 협력), 이·미용 봉사 등을 지역사회와 함께 하는 선교사역으로 진행하고 있습니다.

1) 지역사회와 연계한 전도방법
   - 도림동 장미 마을축제 참여
2) 기관과의 연계한 전도방법
   - 학원선교(초·중·고등학교 장학금 전달)
   - 주민센터에 다양한 사업 지원
   - 영등포경찰서 선교

Chapter 4. 다시 시작하는 '지교회의 전도부흥운동'

위대한 행진 상황판

3/12(주일)	13(월)	14(화)	15(수)	16(목)	17(금)	3/18(토)
		교구 전도	교구 전도	진도상황실 모임 시작 오전10시~ 오후 4시	■ 교구 전도대 지원 - 아름다운신문 교구별 1박스 분배 - 팝콘제작 인원섭외 및 재료지원 - 위대한 행진 온도계 디자인논의	토요전도대모임 삭징식 준비점검
3/19	20	21	22	23	24	3/25
		제1차 작정 구역장권찰수련 회참석	■ 교구 전도대 지원 - 아름다운신문 교구별 1박스 분배 - 팝콘제작 인원섭외 및 재료지원 (출고대장 기록확인) - 교구별 초청자 작정 상황파악	구역장권찰 야외수련회 (강화도)	■ 교구 전도대 지원 - 아름다운신문 - 팝콘제작 인원섭외 및 재료지원 - 초청자 작정상황 전화 및 문서화 - 선물가게운영 (1,12교구)	선포주일준비 및 리허설
3/26	27	28	29	30	31	4/1
입교, 세례예식 작정 및 선포주일 2차 작정서 배부		■ 교구 전도대 지원 - 아름다운신문 - 팝콘제작 인원섭외 및 재료지원 - 초청자 작정상황 전화 및 문서화 - 선물가게운영 (10,11교구)	■ 교구 전도대 지원 - 아름다운신문 - 팝콘제작 인원섭외 및 재료지원 - 초청자 작정상황 전화 및 문서화 - 선물가게운영 (8, 9교구)	■ 교구 전도대 지원 - 아름다운신문 - 팝콘제작 인원섭외 및 재료지원 - 초청자 작정상황 전화 및 문서화 - 선물가게운영 (6, 7교구)	■ 교구 전도대 지원 - 아름다운신문 - 팝콘제작 인원섭외 및 재료지원 - 초청자 작정상황 전화 및 문서화 - 선물가게운영 (4, 5교구)	월삭기도회

4/2(주일)	3(월)	4(화)	5(수)	6(목)	7(금)	4/8(토)
종려주일 성찬예식 창립97주년기념 2, 3교구 총동원		■ 교구 전도대 지원 - 아름다운신문 - 팝콘제작 인원섭외 및 재료지원 - 초청자 작정상황 전화 및 문서화 - 선물가게운영 (2, 3교구)	■ 교구 전도대 지원 - 아름다운신문 - 팝콘제작 인원섭외 및 재료지원 - 초청자 작정상황 전화 및 문서화 - 선물가게운영 (1, 12교구)	■ 교구 전도대 지원 - 아름다운신문 - 팝콘제작 인원섭외 및 재료지원 - 초청자 작정상황 전화 및 문서화 - 선물가게운영 (10, 11교구)	성금요일특별새벽기도회 ■ 교구 전도대 지원 - 아름다운신문 - 팝콘제작 인원섭외 및 재료지원 - 초청자 작정상황 전화 및 문서화 - 선물가게운영 (8, 9교구)	
4/9	10	11	12	13	14	4/15
부활주일 4, 5교구 총동원		■ 교구 전도대 지원 - 아름다운신문 - 팝콘제작 인원섭외 및 재료지원 - 초청자 작정상황 전화 및 문서화 - 선물가게운영 (6, 7교구)	■ 교구 전도대 지원 - 아름다운신문 - 팝콘제작 인원섭외 및 재료지원 - 초청자 작정상황 전화 및 문서화 - 선물가게운영 (4, 5교구)	■ 교구 전도대 지원 - 아름다운신문 - 팝콘제작 인원섭외 및 재료지원 - 초청자 작정상황 전화 및 문서화 - 선물가게운영 (2, 3교구)	■ 교구 전도대 지원 - 아름다운신문 - 팝콘제작 인원섭외 및 재료지원 - 초청자 작정상황 전화 및 문서화 - 선물가게운영 (1, 12교구)	
4/16	17	18	19	20	21	4/22
6, 7교구 총동원		■ 교구 전도대 지원 - 아름다운신문 - 팝콘제작 인원섭외 및 재료지원 - 초청자 작정상황 전화 및 문서화 - 선물가게운영 (10,11교구)	■ 교구 전도대 지원 - 아름다운신문 - 팝콘제작 인원섭외 및 재료지원 - 초청자 작정상황 전화 및 문서화 - 선물가게운영 (8, 9교구)	■ 교구 전도대 지원 - 아름다운신문 - 팝콘제작 인원섭외 및 재료지원 - 초청자 작정상황 전화 및 문서화 - 선물가게운영 (6, 7교구)	■ 교구 전도대 지원 - 아름다운신문 - 팝콘제작 인원섭외 및 재료지원 - 초청자 작정상황 전화 및 문서화 - 선물가게운영 (4, 5교구)	

Chapter 4. 다시 시작하는 '지교회의 전도부흥운동'

4/23	24	25	26	27	28	4/29
8, 9교구 총동원		■ 교구 전도대 지원 - 아름다운신문 - 팝콘제작 인원섭외 및 재료지원 - 초청자 작정상황 전화 및 문서화 - 선물가게운영 (2, 3교구)	■ 교구 전도대 지원 - 아름다운신문 - 팝콘제작 인원섭외 및 재료지원 - 초청자 작정상황 전화 및 문서화 - 선물가게운영 (1, 12교구)	■ 교구 전도대 지원 - 아름다운신문 - 팝콘제작 인원섭외 및 재료지원 - 초청자 작정상황 전화 및 문서화 - 선물가게운영 (10,11교구)	■ 교구 전도대 지원 - 아름다운신문 - 팝콘제작 인원섭외 및 재료지원 - 초청자 작정상황 전화 및 문서화 - 선물가게운영 (8, 9교구)	
4/30(주일)	5/1(월)	2(화)	3(수)	4(목)	5(금)	5/6(토)
10,11교구 총동원	월삭기도회	■ 교구 전도대 지원 - 아름다운신문 - 팝콘제작 인원섭외 및 재료지원 - 초청자 작정상황 전화 및 문서화 - 선물가게운영 (6, 7교구)	■ 교구 전도대 지원 - 아름다운신문 - 팝콘제작 인원섭외 및 재료지원 - 초청자 작정상황 전화 및 문서화 - 선물가게운영 (4, 5교구)	■ 교구 전도대 지원 - 아름다운신문 - 팝콘제작 인원섭외 및 재료지원 - 초청자 작정상황 전화 및 문서화 - 선물가게운영 (2, 3교구)	전교인체육대회	
5/7	8	9	10	11	12	5/13
1, 12교구 총동원		■ 교구 전도대 지원 - 아름다운신문 - 팝콘제작 인원섭외 및 재료지원 - 초청자 작정상황 전화 및 문서화 - 선물가게운영 (1, 12교구)	■ 교구 전도대 지원 - 아름다운신문 - 팝콘제작 인원섭외 및 재료지원 - 초청자 작정상황 전화 및 문서화 - 선물가게운영 (10,11교구)	■ 교구 전도대 지원 - 아름다운신문 - 팝콘제작 인원섭외 및 재료지원 - 초청자 작정상황 전화 및 문서화 - 선물가게운영 (8, 9교구)	■ 교구 전도대 지원 - 아름다운신문 - 팝콘제작 인원섭외 및 재료지원 - 초청자 작정상황 전화 및 문서화 - 선물가게운영 (6, 7교구)	

전도부흥운동 사례집 I 전도·부흥·운동 누가 할 것인가?

5/14	15	16	17	18	19	5/20
전체교구총동원		■ 교구 전도대 지원 - 아름다운신문 - 팝콘제작 인원섭외 및 재료지원 - 초청자 작정상황 전화 및 문서화 - 선물가게운영 (4, 5교구)	■ 교구 전도대 지원 - 아름다운신문 - 팝콘제작 인원섭외 및 재료지원 - 초청자 작정상황 전화 및 문서화 - 선물가게운영 (2, 3교구)	■ 교구 전도대 지원 - 아름다운신문 - 팝콘제작 인원섭외 및 재료지원 - 초청자 작정상황 전화 및 문서화 - 선물가게운영 (1, 12교구)	■ 교구 전도대 지원 - 아름다운신문 - 팝콘제작 인원섭외 및 재료지원 - 초청자 작정상황 전화 및 문서화 - 선물가게운영 (10, 11교구)	
5/21	22	23	24	25	26	5/27
전체교구총동원		■ 교구 전도대 지원 - 아름다운신문 - 팝콘제작 인원섭외 및 재료지원 - 초청자 작정상황 전화 및 문서화 - 선물가게운영 (8, 9교구)	■ 교구 전도대 지원 - 아름다운신문 - 팝콘제작 인원섭외 및 재료지원 - 초청자 작정상황 전화 및 문서화 - 선물가게운영 (6, 7교구)	■ 교구 전도대 지원 - 아름다운신문 - 팝콘제작 인원섭외 및 재료지원 - 초청자 작정상황 전화 및 문서화 - 선물가게운영 (4, 5교구)	■ 교구 전도대 지원 - 아름다운신문 - 팝콘제작 인원섭외 및 재료지원 - 초청자 작정상황 전화 및 문서화 - 선물가게운영 (2, 3교구)	
5/28	29	30	31	6/1	2	6/3
전체교구총동원		전체등록정리				
6/4(주일)	5(월)	6(화)	7(수)	8(목)	9(금)	6/10(토)
시상 및 폐막						
6/11	12	13	14	15	16	6/17
새가족의 날						

Chapter 4. 다시 시작하는 '지교회의 전도부흥운동'

2) 도림교회와 함께하는 전도부흥운동의 현장

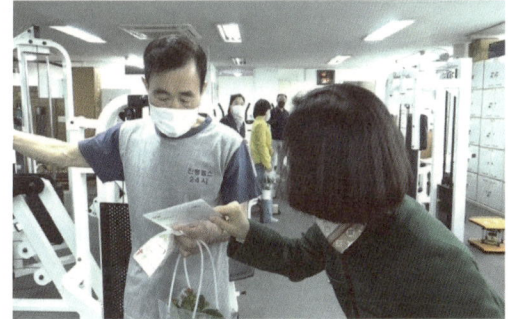
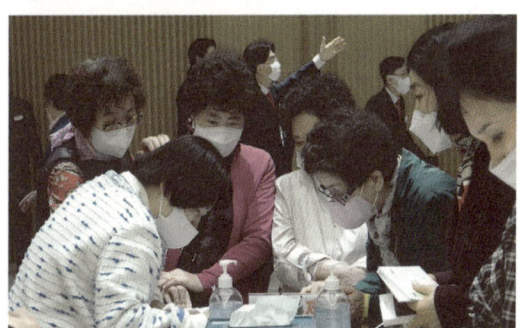

Chapter 5

'평신도 전도부흥운동 사관학교'

진정으로 힘이 되는 전도부흥운동은 하나님의 백성들이 어렵고 힘든 교회들을 "우리교회"로 받아들여 함께하는 것입니다.

- 우리는 전도부흥운동을 남선교회연합회 신규사업으로 준비를 했습니다.
- 우리는 전도부흥운동이 일회성 행사가 되지 않기를 간절히 기도하고 있습니다.
- 우리는 전도부흥운동이 행사에 그치는 프로그램이 되지 않기를 기도하고 있습니다.
- 우리는 작은 교회들에게 든든한 동역자가 되기를 기도하고 있습니다.

지속 가능한 전도부흥운동을 위해서 **'영등포노회 평신도 전도부흥운동 사관학교'**를 준비했습니다.

이제 1기생을 모집하고 있는데, 남선교회연합회 전회장들과 임원들이 동참하는 신청서를 작성했습니다.

함께 기도하며 준비하고 있습니다.

어려운 길이라는 것도 잘 압니다.

그러나 꼭 필요한 것도 압니다.

하나님께서는 우리가 해야 할 사명이라는 것을 알게 해 주셨습니다.

2023 전도부흥운동 '영등포노회 평신도 전도부흥운동 사관학교' 참가를 환영합니다.

이렇게 영등포노회 전도부흥운동은 진행형으로 계속되고 있습니다.

▶ 진실로 우리가 주관하는 전도부흥운동이 빛이 나려면 내 시간, 내 교회의 시간을 포기하고 동참할 준비가 되었을 때 입니다.

▶ 진실로 교회가 전도부흥운동을 통하여 하나님의 은혜를 목도하려면 "우리교회"로 나아가는 하나님의 백성들의 고백이 선행되어야 합니다.

▶ '하나님의 은혜는 나를 통해 이루어 가신다'고 함께 고백하는 전도부흥운동이 되기를 원합니다.

Chapter 5. '평신도 전도부흥운동 사관학교'

1. 사관학교 운영계획

1) 추진목적

a. 작은교회의 전도부흥운동이 효율적으로 전개 되어지고,
b. 작은교회의 전도역량의 회복을 위해 기도의 용사, 전도의 용사로 동참하고,
c. 태신자들이 작은교회에 정착하는데 돕는 역할을 하며,
d. 작은교회가 자립하고 부흥하는데 받은 은혜를 나눌 수 있기를 기도합니다

2) 추진방침

a. 매년 상반기, 하반기 전도부흥운동을 실시하는 자립대상교회를 대상으로,
b. 섬기는 교회는 참여자가 스스로 지정할 수 있고, 필요시 주관부서에서 임의 조정합니다.
c. 참여자는 본 교회에서 1부 예배를 드리고, 섬기는 교회로 이동하여 예배에 출석합니다.
d. 참여자는 섬기는 교회에서 진행되는 전도활동, 예배, 헌금 등을 본 교회와 동일하게 참여하고,
e. 특별히 태신자가 출석하는 경우 정착할 때 까지 적극적으로 양육에 힘쓰며,
f. 섬기는 작은 교회가 부흥성장할 때 까지 기도와 시간과 물질을 드려 함께할 것을 기도합니다.

3) 운영계획

a. 지교회에 '평신도 선교부흥운동 사관학교'에 대한 취지를 설명하고, 자원자를 접수받고,
b. 본 사관학교에서는 년 1회 전도부흥운동세미나를 개최하고,
c. 참여자는 사관학교에서 준비하는 전도교육 프로그램에 참여하여야 하며,
d. 참여자는 작은교회를 섬기는 기간 동안 겸손해야 하며, 교회와 성도들에게 상처가 되는 언행이나 목사님의 뜻에 반하는 행동을 해서는 안됩니다.

e. 영남연 전도부흥운동과 영등포노회 '평신도 전도부흥운동 사관학교'의 사역 취지를 널리 알리고, 계속 사역과 전국 사역이 되도록 한 마음으로 기도합니다.

4) 운영일정

a. 모집기간 : 년 중 상시모집
b. 모집인원 : 참가 신청서 참조
c. 활동기간 : 신청서에 희망 활동기간 입력(기간 미입력 시 기본 1년 단위, 연장 가능함)
d. 모집대상 : 신실한 신앙인 누구나 가능
e. 모집방법
 - 지 교회별 남·녀선교회에 권면
 - 여전도회 연합회 회원 대상으로 권면
 - 장로회 및 노회 내 기관 등을 통해 권면

2. 사관학교 운영의 실제

1) 성령 충만한 120 기도의 용사

사도행전 1장 12절~15절 말씀입니다.

¹² 제자들이 감람원이라 하는 산으로 부터 예루살렘에 돌아오니 이 산은 예루살렘에서 가까워 안식일에 가기 알맞은 길이라

¹³ 들어가 그들이 유하는 다락방으로 올라가니 베드로, 요한, 야고보, 안드레와 빌립, 도마와 바돌로매, 마태와 및 알패오의 아들 야고보, 2)셀롯인 시몬, 야고보의 3)아들 유다가 다 거기 있어

¹⁴ 여자들과 예수의 어머니 마리아와 예수의 아우들과 더불어 마음을 같이하여 오로지 기도에 힘쓰더라

¹⁵ 모인 무리의 수가 약 백이십 명이나 되더라

마가의 다락방에 모인 120명의 성도들이 더불어 마음을 같이하여 오로지 기도에 힘쓰더라. 그들이 한 마음 한 뜻으로 기도할 때, 같은 생각과 같은 목적과 같은 목표로 기도할 때, 성령께서 임하셨습니다.

기도하는 120명의 성도들에게 성령께서 임하셔서 그들이 교회가 되게 하시고, 오늘의 교회가 있게 하셨습니다.

전도부흥운동으로 함께하는 작은 교회들을 위하여 120명의 기도의 용사들이 모여질 때, 이들이 마음을 같이하여 오로지 기도에 힘쓸 때, 성령께서 전도부흥운동을 역사하시고 함께하는 교회에 역사 하셔서, 그 교회를 일으키시고, 더욱 크게 사용하시어 하나님의 영광을 이루실 것입니다.

용사는 싸움에서 멈추지 않습니다.
기도의 용사는 기도에 응답이 있을 때 까지 기도를 멈추지 않습니다.
영등포노회의 평신도 전도부흥운동 사관학교의 기도의 용사가 되어 주십시요.
여러분의 기도는 작은교회를 일으켜 세울 것 입니다.

여러분의 기도는 여러분이 섬기는 교회를 더욱 든든히 세울 것 입니다.

여러분의 기도는 한국교회를 다시 세우고, 한국교회에 다시 임하는 성령의 역사를 보게할 것 입니다.

기도의 용사가 되십시오. 기도하는 군사가 되십시오.

성령께서 역사하실 것 입니다.

2) 교회를 회복시키는 300 전도의 용사

사사기 7장 15절~21절

15 기드온이 그 꿈과 해몽하는 말을 듣고 경배하며 이스라엘 진영으로 돌아와 이르되 일어나라 여호와께서 미디안과 그 모든 진영을 너희 손에 넘겨 주셨느니라 하고

16 삼백 명을 세 대로 나누어 각 손에 나팔과 빈 항아리를 들리고 항아리 안에는 횃불을 감추게 하고

17 그들에게 이르되 너희는 나만 보고 내가 하는대로 하되 내가 그 진영 근처에 이르러서 내가 하는대로 너희도 그리하여

18 나와 나를 따르는 자가 다 나팔을 불거든 너희도 모든 진영 주위에서 나팔을 불며 이르기를 여호와를 위하라, 기드온을 위하라 하라 하니라

19 기드온과 그와 함께 한 백 명이 이경 초에 진영 근처에 이른즉 바로 파수꾼들을 교대한 때라 그들이 나팔을 불며 손에 가졌던 항아리를 부수니라

20 세 대가 나팔을 불며 항아리를 부수고 왼손에 횃불을 들고 오른손에 나팔을 들어 불며 외쳐 이르되 여호와와 기드온의 칼이다 하고

21 각기 제자리에 서서 그 신영을 에워싸매 그 온 진영의 군사들이 뛰고 부르짖으며 도망하였는데

하나님은 토굴속에 숨어사는 기드온에게 '큰 용사'라 부르시며 이스라엘을 구원하라 말씀하십니다. 여호와의 사자가 나타나서 '큰 용사여 여호와께서 너와 함께

Chapter 5. '평신도 전도부흥운동 사관학교'

계시도다' 말씀하셨습니다.

암울한 혼돈의 시대에 내가 왕이되어 내 마음대로 살고자 했던 이스라엘 백성들은 산으로 숨어들어 토굴을 만들고 숨어 살아갑니다.

우리가 살고 있는 이 시대는 너무나 많은 우상을 섬기며 살고 있습니다.

하나님께서 기드온에게 바알 신상과 아세라 신상을 제거하라고 하셨을 때 기드온은 즉각 순종하였습니다.

오늘 우리 앞에 놓여있는 우상들을 하나님께서는 제거하라고 명령하십니다.

그러나 우리는 핑계가 너무나 많습니다.

하나님께서는 우리의 몸이 거룩한 교회가 되기를 원하시고, 이 땅의 교회들이 말씀에 순종하기를 원하십니다.

땅 끝까지 복음을 전하라 명령하시고, 그 명령을 우리가 따르기를 원하십니다.

그러나 우리는 온전히 순종하지를 않습니다.

기드온이 우상을 폐하였을 때 여호와의 영이 기드온에게 임하였습니다.

우상에 둘러싸인 삶을 사는 우리가 우상을 폐하고 하나님의 말씀에 순종할 때 하나님의 능력이 우리에게 임할 것 입니다. 성령께서 우리와 함께 하실 것입니다.

하나님께서는 연약한 자를 사용하셔서 그 능력을 나타내십니다.

고작 300명의 군사를 용사라 칭하시고, 그들의 방법이 아닌 하나님의 방법으로 인도하시어 승리하게 하셨습니다. 온전히 하나님만을 의지할 때 하나님께서는 우리의 약점을 통하여 승리하게 하십니다.

오늘을 사는 우리에게 하나님께서는 전도부흥운동에 임하라고 명령하십니다.

그러나 우리는 우리의 지혜를 앞세웁니다.

우리는 마음을 하나로 모으지 못하였습니다.

우리는 세상과 사회와 환경을 핑계삼을 때가 너무나 많습니다.

우리는 기도하지 않았습니다.

하나님께서는 우리를 용사로 부르시지만 우리는 용사가 되기를 원치 않습니다.

우리의 약함을 인정하고 온전히 의지하여야 함에도 그렇게 하지 못했습니다.

이제 연약하지만 '교회를 회복시키는 300 전도의 용사'로 부름받은 우리가 전도부흥운동의 용사가 되어 순종하기를 원합니다. 우리의 연약함을 고백하고 하나님의 능력으로 용사가 되기를 원합니다.

영등포노회에 속한 작은교회를 위하여 하나님의 명령에 순종하기를 원합니다. 나아가 하나님의 능력으로 한국교회를 다시 세우는 군사가 되어 이 땅에 하나님의 음성을 듣지 못해 죽어가는 영혼이 단 한 명도 없게 되기를 기도합니다.

3. 참여신청서 및 후원약정서 : 작성 후 사진을 찍어서 제출하시면 되겠습니다.

1) 성령 충만한 120 기도의 용사 신청서

'영등포노회 평신도 전도부흥운동 사관학교'
'성령 충만한 120 기도의 용사' 참가 신청서

■ **사관학교 개설 취지** : 노회 내에 자립대상교회를 대상으로 진행하는 전도부흥운동을 효율적으로 전개하고, 나아가 태신자들이 교회에 정착하는데 돕는 역할을 하므로서 자립대상교회가 자립하고, 부흥하는데 중추적인 사역을 감당하게 됩니다.

■ **참가를 위한 안내**

*개학일시 : 매년 1월 1일 개학

*신청서 접수 : 년 중 상시모집

*모집인원 : 120명

■ **지원자 인적사항(필수)**

현재 출석하는 교회		당회장	
신청인 직분		핸드폰	
신청인 성명		이메일	@
섬기는 기간	1년( ) / 계속( ) / 기타( )		

▶ **보내실곳** : 이메일 cg5422@naver.com 또는 휴대폰(아래)

▶ **문   의** : 영등포노회 남선교회연합회 회장 배정수 장로(010-5417-7899)

위와 같이 '영등포노회 평신도 선교부흥운동 사관학교'의
'성령 충만한 120 기도의 용사'에 참가를 신청합니다.

20   .   .   .

신청인 :   교회 /   (인)

주최 : 영등포노회 국 내 선교부 부 장 손성민 목사
동반성장위원회 위원장 김덕영 목사
평 신 도위원회 위원장 서현철 목사
주관 : 영등포노회 남선교회연합회 회 장 배정수 장로

성령 충만한 120 기도의 용사 신청서에 참여해 주시는 것은 코로나 펜데믹을 거치면서 지쳐있는 교회와 하나님의 백성들에게 작은 힘이 되고, 교회의 회복과 전도의 열정을 회복하는데 꺼지지 않는 불씨가 될 것입니다.

경제적으로는 모두가 어려운 시기를 지나고 있는 이 때에 더욱 하나님의 은혜를 사모하여 스스로 교회 부흥의 동력이 되고, 기름진 토양이 되어 교회가 성장하는데 밑거름이 될 수 있기를 기도합니다.

2) 교회를 회복 시키는 300 전도의 용사 신청서

'영등포노회 평신도 전도부흥운동 사관학교'
'교회를 회복시키는 300 전도의 용사' 참가 신청서

■ **사관학교 개설 취지** : 노회 내에 자립대상교회를 대상으로 진행하는 전도부흥운동을 효율적으로 전개하고, 나아가 태신자들이 교회에 정착하는데 돕는 역할을 하므로서 자립대상교회가 자립하고, 부흥하는데 중추적인 사역을 감당하게 됩니다.

■ **참가를 위한 안내**

*개학일시 : 매년 1월 1일 개학

*신청서 접수 : 년 중 상시모집

*모집인원 : 300명

■ **지원자 인적사항(필수)**

현재 출석하는 교회		당회장	
신청인 직분		핸드폰	
신청인 성명		이메일	@
섬기는 기간	1년(　　)	/ 계속(　　)	/ 기타(　　)

▶ 보내실곳 : 이메일　cg5422@naver.com 또는 휴대폰(아래)

▶ 문　　　의 : 영등포노회 남선교회연합회 회장 배정수 장로(010-5417-7899)

위와 같이 '영등포노회 평신도 전도부흥운동 사관학교'의
'교회를 일으키는 300 전도의 용사'에 참가를 신청합니다.

20 . . .

신청인 :　　　　　　　교회 /　　　　　　(인)

주최 : 영등포노회 국 내 선교부 부　장 손성민 목사
동반성장위원회 위원장 김덕영 목사
평 신 도위원회 위원장 서현철 목사
주관 : 영등포노회 남선교회연합회 회　장 배정수 장로

교회를 회복시키는 300 전도의 용사 신청서에 참여해 주시는 것은 코로나 펜데믹을 거치면서 지쳐있는 교회와 하나님의 백성들에게 작은 힘이 되고, 교회의 회복과 전도의 열정을 회복하는데 꺼지지 않는 불씨가 될 것입니다. 경제적으로는 모두가 어려운 시기를 지나고 있는 이 때에 더욱 하나님의 은혜를 사모하여 스스로 교회 부흥의 동력이 되고, 기름진 토양이 되어 교회가 성장하는데 밑거름이 될 수 있기를 기도합니다.

3) 작은교회를 위한 후원 약정서

'작은 교회를 일으키는 후원 약정서'

■ **후원 약정서 취지** : 작은 교회를 위한 후원 약정서에 참여해 주시는 것은 한국교회 중 어렵고 힘에 겨운 교회들에게 버팀목으로 부흥의 동력이 될 뿐 아니라 기름진 토양을 가꾸는 데 아름다운 자양분이 될 것입니다. 기도와 참여를 부탁드립니다.

■ **후원 약정서를 위한 안내**

 * 후원 약정서 접수 : 년 중 상시접수
 * 후원금액은 반드시 작은교회를 위하여 사용되어지며, 후원자에게는 후원금액의 사용내역을 투명하게 공개해 드리겠습니다.

■ **후원자 인적사항(필수)**

현재 출석하는 교회		핸드폰	
후원인 직분/성명		이메일	
후원 약정금액	1만원( ) / 2만원( ) / 3만원( ) / 기타( )		
후원 약정기간	**1년( ) / 계속( ) / 기타( )**		

▶ 보내실곳 : 이메일 cg5422@naver.com 또는 휴대폰(아래)
▶ 문   의 : 영등포노회 남선교회연합회 회장 배정수 장로(010-5417-7899)
▶ 후원계좌 : 국민은행 459237-04-002947 영등포 남선교회연합회

위와 같이 '작은교회를 일으키는 후원 약정서'를 제출하며,
기도와 물질로 섬기기 위하여 약정서를 제출합니다.

20 . .

신청인 :   교회 /   (인)

주최 : 영등포노회 국 내 선교부 부 장 손성민 목사
동반성장위원회 위원장 김덕영 목사
평 신 도위원회 위원장 서현철 목사
주관 : 영등포노회 남선교회연합회 회 장 배정수 장로

작은교회를 일으키는 후원 약정서에 참여해 주시는 것은 코로나 펜데믹을 거치면서 지쳐있는 교회와 하나님의 백성들에게 작은 힘이 되고, 교회의 회복과 전도의 열정을 회복하는데 꺼지지 않는 불씨가 될 것입니다.

경제적으로는 모두가 어려운 시기를 지나고 있는 이 때에 더욱 하나님의 은혜를 사모하여 스스로 교회 부흥의 동력이 되고, 기름진 토양이 되어 교회가 성장하는데 밑거름이 될 수 있기를 기도합니다.

Chapter 5. '평신도 전도부흥운동 사관학교'

4) 참여자에게 보내는 감사

a. 참여자는 선서를 통해 다짐하는 시간을 갖습니다.
b. 참여자에게는 "작은교회를 섬기는 선교사"로 위촉하고, 위촉장을 수여합니다.
c. 참여자에게는 정해진 활동기간이 끝나면 활동부서에 따라 "기도의 용사 감사장" 또는 "전도의 용사 감사장"을 수여 합니다.

5) 전도자들과 함께 드리는 기도

오랜 시간 남선교회연합회를 섬기면서 전도부흥운동의 은혜로운 자리에 초대해 주신 하나님의 은혜에 감사를 드립니다. 지난 1년, 전도에 대한 뜨거운 마음을 허락해주시고, 함께할 수 있는 동역자들을 허락하신 것이 모두 하나님의 은혜입니다.

전도사례집 자료를 모으는 과정에서까지 하나님의 귀한 도우심을 느끼면서 이 새벽에 기도합니다.

함께 기도하라고 보내신 교회에 우리의 마음이 작게라도 교만하지는 않았는지요?

교회의 간절함과 성도들의 간절함, 그리고 목사님과 가족들의 간절함을 같은 눈 높이로 이해하지 못하고, 그들의 간절한 기도에 같은 마음으로 다가서지 못하고, 너무나 먼 거리에서 지켜보고만 있지는 않았는지요? 작은교회를 섬기는 성도들을 대하면서 그들에게 이해하기 힘든 질문과 행동으로 상처가 되지는 않았는지요? 그렇게 귀하게 주셨던 하루이틀의 전도일정에 소홀하지는 않았는지요?

허락해주신 교회들을 우리의 마음에 온전히 품지 못하고, 때로는 소홀하게 대하지는 않았는지, 하루하루가 간절한 교회들에게 우리는 절실하지 못했음을 용서하여 주시옵소서.

아직도 전도부흥운동을 여러 사역 중 '하나의 행사'로 생각하고 있지는 않은지 돌아봅니다.

'한 사람'의 교회 방문과 예배에 함께함이 얼마나 간절한지를 모르는 우리에게 그 모습을 보게 하시고, 그것을 알게 해주신 것이 너무나 귀하기만 합니다.

전도부흥운동 사례집 I 전도·부흥·운동 누가 할 것인가?

　찬양을 인도하시는 목사님의 두 볼을 타고 흐르는 뜨거운 눈물을 보았습니다. 너무 오랜 시간 그 마음을 광야같은 곳에 홀로 세워둔 우리의 매정함을 용서하여 주옵소서.

　함께 성장해야 할 교회들을 향하는 우리의 마음이 그들의 마음과 하나되게 하시고, 그로인해 전도부흥운동이 더 진실해지고, 더 뜨거워지고, 많은 결실이 있는 하나님 기뻐하시는 사역이 되기를 원합니다. 하나님 택하신 백성들이 지금 무너져가고 있는 교회의 안타까운 모습을 그저 방관자의 눈으로 바라보지 않게 하시고, 누구보다 '내가 기도해야 할 때' 임을 알게 하시고, '내가 전도해야 할 전도자'임을 깨닫게 하옵소서.

　앞으로 기도하는 전도부흥운동의 일정과 계획에도 하나님의 역사하심을 기대합니다. 지금까지 인도하신 그 은혜가 계속 이어져 이 땅의 교회들이 함께 성장하고, 함께 그 기쁨을 찬양하는 공동체가 될 수 있기를 기도합니다. 많은 동역자들을 허락하시고, 그들의 마음에 감동이 있게 하시고, 온 마음을 다하고 정성을 다하여 함께하는 교회들에게 위로가 되게 하시고, 다가올 풍성한 결실을 함께 기대하며 나아갈 수 있도록 우리를 변화시켜 사용하옵소서.

　우리 마음의 작은 위선과 불평과 불만을 잠재우시고, 오직 불같은 성령이 움직이시는 영육이 되어 하루하루 사용되어지기를 간절히 소망하며, 하나님께서 원하시는 모습으로 전도부흥운동이 계속되어지기를 예수그리스도의 이름으로 기도합니다. 아멘

Chapter
6
'전도부흥운동'을 위한 전도자료

1. EDI 전도플랫폼

건강한 교회 성장과 지상명령 성취를 위한 EDI (Evangelism & Disciples Initiative) since1988

1) NLTC 소개

1. NLTC는 New Life Training Center 약자입니다.
2. 대학생 사역을 통한 현장에서 검증된 전도와 순모임을 통해 직장이나 교회에서도 영적 재생산의 제자화 사역을 할 수 있도록 만들어진 훈련 프로그램입니다.
3. CCC설립목적인 마태복음 28장 18~20절의 말씀에 따라 지상명령 성취를 위해 담대하게 전도(Win)하고, 깊이 있게 육성(Build)하고, 철저하게 훈련(Training)하고, 긴급하게 파송(Sending)하는, 캠퍼스와 동일한 전략을 기본 전략으로 삼고 있습니다.
4. 지역과 계층복음화의 핵심 전략
지역교회의 지도자, 성도를 훈련하여 지역복음화를 기대하며, 계층의 대표적인 대상인 직장인들을 훈련시켜 직장복음화를 통해 계층복음화를 기대합니다.

2) NLTC 시작

1. 국제 CCC는 예수그리스도의 지상명령에 따라 65억의 전 인류에게 복음을 전하기 위하여 뉴라이프 2000(New Life2000)을 계획했고, 이 비전을 성취하기 위하여 새생명훈련원을 세웠습니다.
2. 한국NLTC는 1988년 3월 8일부터 4월 6일까지 독바위교회 평신도 지도자 30명을 훈련시키는 것을 기점으로 본격적인 활동을 시작했으며, 2000년이후에도 NLTC는 한국교회의 필요에 의해 지금까지 활발하게 운영되고 있습니다.

3) EDI 필요와 시작

지금까지 NLTC는 최선을 다해 교회를 섬겨왔습니다. 그러나 교회는 다양한 계층이 있습니다. 또한, 한국교회는 다음세대에 대한 중요성을 강조하고 있습니다. 이러한 변화속에 사역범위가 확장되어야 할 필요성을 갖고 목회자와 성도(징년)로 제한되었던 사역의 범위를 초등학생, 청소년, 청년들에게 까지 확장해야 할 필요성을 갖게 되었습니다.

EDI(Evangelism & Disciples Initiative/전도제자훈련원)는 NLTC의 새이름입니다.

NLTC 사역영역을 포함하면서 더 큰 영역을 감당하기를 원합니다. EDI는 어린이, 청소년, 청년들이 예수님의 제자로 삶을 살기를 기대합니다. 또한 EDI는 교회의 다양한 세대에 맞는 전도, 양육, 제자훈련을 통해 변화된 삶을 살아가는 성령 충만한 성도들의 영적운동을 일으킵니다. 쉽고 표준화된 실제적인 훈련이며, 교회와 함께 지역복음화, 민족복음화를 이루어 갑니다.

현재 EDI는 5개의 사역을 감당하고 있습니다.

1. 목회자 및 교회성도 대상 : 목회자반, 평신도지도자반, NLTC과정, EDI과정
2. 대학, 청년 사역 : 청년에디
3. 청소년 사역 : 청소년에디
4. 어린이 사역 : 어린이에디
5. 온라인 사역 : 에디전도플랫폼

4) EDI 철학

우리가 사용하고 있는 물건들은 저마다의 사용목적이 있습니다. 이 땅에서 부름 받고 하나님의 자녀가 된 성도들도 하나님께서 귀하게 여기지 않은 성도는 없습니다. 다만 자신을 향한 하나님의 뜻과 계획을 발견하지 못하고, 자신에게 있는 은사를 발견하지 못하고, 활용하지 못하기 때문에 자신을 무가치한 존재라고 여기게 되는 것입니다.

제자는 태어나는 것이 아니라 훈련으로 되어진다고 합니다. 성도들이 성도로서의 삶을 살지 못하고, 참다운 제자로서의 삶을 살지 못하는 것은 훈련이 제대로 안되었기 때문입니다. 모든 성도들은 자기 수준에 맞게 단계적으로 훈련과 교육을 받을 수 있어야 합니다. 그래서 교회는 누구에게나 열려있는 훈련의 장이요, 균등한 기회가 보장되는 교육의 장소가 되어야 합니다.

EDI는 훈련생들에게는 그리스도인의 모든 행동을 위한 기초가 되는 성경적인 지식을 공급받을 기회가 주어집니다. 그들은 또한 실천을 통해 그 지식으로 훈련되어 집니다. 이러한 실천은 이미 훈련된 간사의 지도하에 그리고 이 지식들의 적용이 매일 요구되는 환경 가운데서 이루어집니다. 이것이야말로 훈련원을 사역활동의 중심에 두어야 하는 이유입니다. 강의실에서 배운 모든 것들을 실제로 진행되고 있는 사역현장에서 즉각적으로 적용할 수 있게 하는 것이 훈련원의 목표입니다.

5) EDI 특징

1. 기도와 말씀, 성령충만한 삶을 살도록 훈련합니다.
2. 강의와 소그룹 모임, 전도활동을 통해 성도들의 영적성장을 돕습니다.
3. 소그룹 집중 훈련입니다.
4. 현장에서 전도를 경험하게 하고 지도합니다.
5. EDI훈련간사와 교회 교역자가 함께 훈련을 운영합니다.
6. 훈련을 받은 성도가 다른 성도를 양육하고 훈련합니다.
7. 교회 자체적으로 훈련을 진행할 수 있도록 전수 합니다.
8. 교회와 성도가 지역복음화, 민족복음화, 세계복음화의 비전을 갖도록 돕습니다.

6) EDI 비전

1. 광역훈련원을 통한 지역 복음화
2. 성도들의 지도력 개발(승법번식하는 제자)
3. 교회와 교회의 연합사역
4. 폭발적인 복음확산 운동
5. 민족복음화, 세계복음화

7) EDI 간증들

전도간증

훈련을 통해 큐티하는 삶과 4영리 전도법을 배워 전도하기 시작하였습니다. 불교신자를 비롯하여 평생 교회도 모르던 많은 사람들이 주님께로 인도되었습니다. 지금은 전도대 운영 책임자로 사역하고 있습니다.   - 이인숙 권사

옆집 새댁, 윗집 할아버지, 할머니, 경비 아저씨, 청소 아주머니, 이웃집 학생, 학원장님 등등 제가 아는 사람들에게 관계전도를 할 수 있게 되었습니다.
   - 장승희 집사

양육간증

양육훈련을 받고 양육을 하면서 제가 먼저 성장하는 것을 발견했습니다. 더 기도하며 사랑하게 되었습니다. 그리고 새가족의 성장을 직접 경험한다는 것은 하나님의 큰 축복입니다.   - 유승연 권사

양육은 제게 또 다른 기대를 갖게 했습니다. 그것은 지금 양육 받고 있는 새가족들이 저를 통해 또 다른 양육자로 세워져 함께 동역하는 동역자가 되리라는 기대입니다.   - 이옥숙 권사

제자훈련 간증

훈련 기간 동안 주님 손에 이끌리어 삶의 한 획을 긋는 경험을 하였습니다. 훈련 간사로 성도들의 삶의 변화와 영적 성숙의 과정을 직접 보고 체험했습니다. 이제 시작인 것 같습니다. 비로소 큰 출발선에서 제대로 된 생명의 경주를 시작한 것 같습니다.   - 이은규 장로

8) EDI 훈련소개

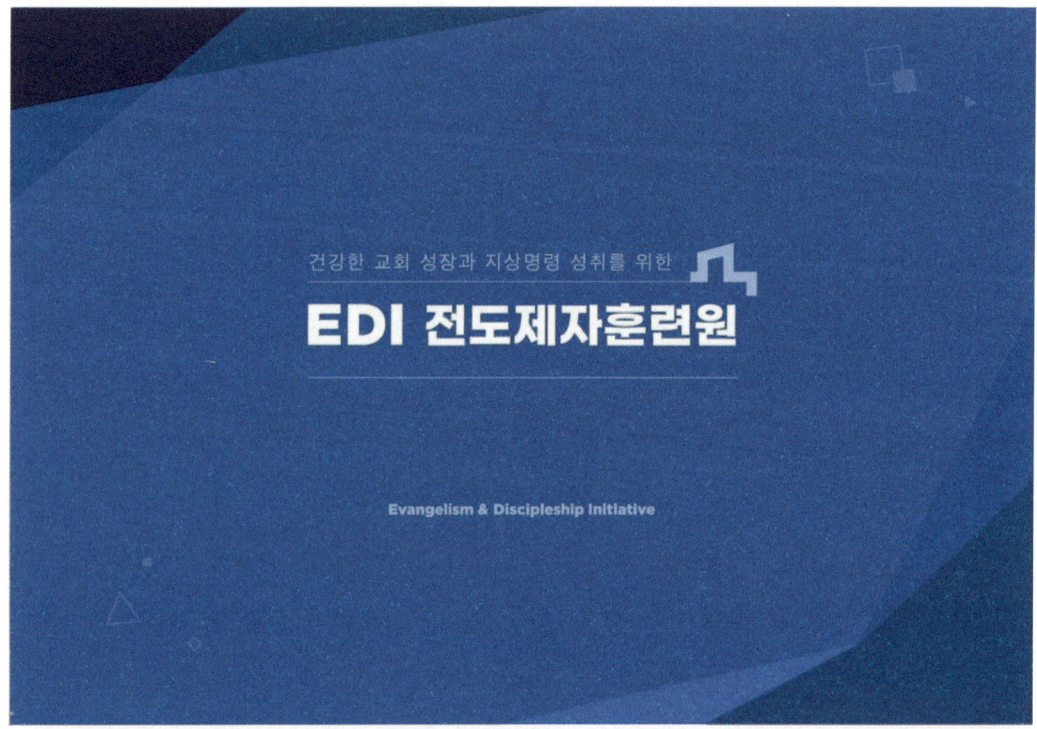

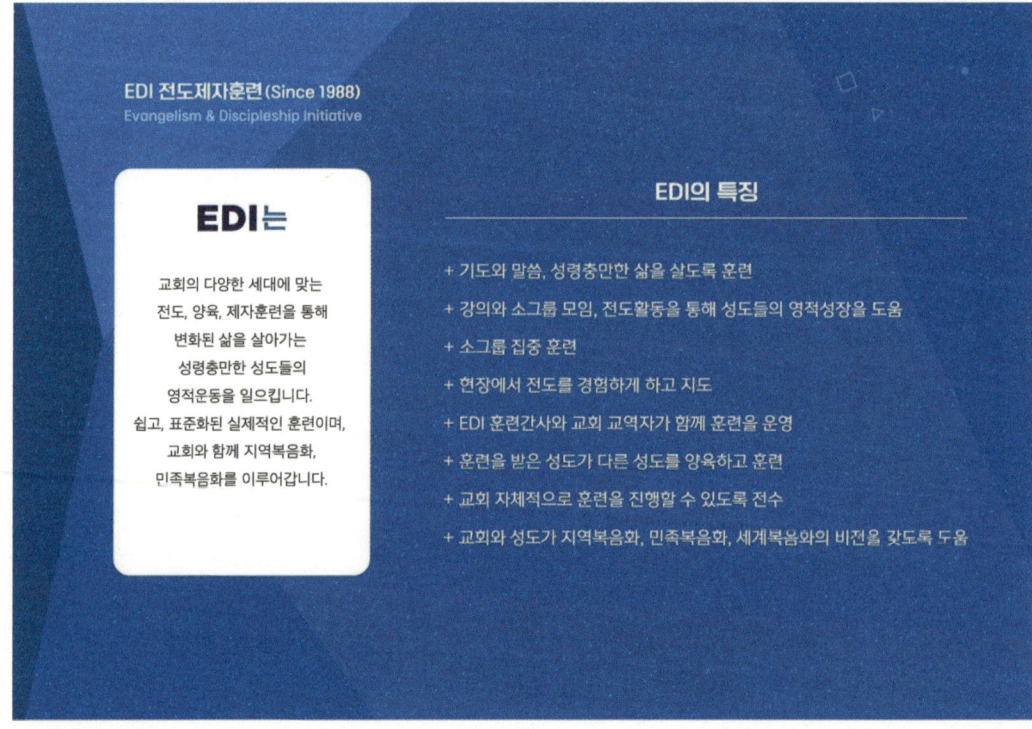

Chapter 6. '전도부흥운동'을 위한 전도자료

목회자 훈련과정

목회자가 EDI, NLTC훈련을 교회에 접목할 수 있도록 필요한 경영과 훈련의 핵심내용을 배우고 전도실천을 통해 전도의 열매를 맺도록 훈련합니다.

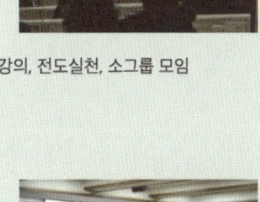

- 대상 | 목사, 사모, 전도사, 선교사
- 기간 | 매년 1회, 1월 중 실시 (2박 3일 합숙)
- 내용 | EDI 훈련 소개 및 컨설팅, 전도 및 제자훈련 강의, 전도실천, 소그룹 모임

* 수료 후 EDI/NLTC 훈련간사 자격 취득

평신도 지도자 훈련과정

평신도지도자반은 EDI훈련과정을 목회자와 함께 진행 할 수 있도록 평신도지도자를 훈련합니다. 그리고 교회는 EDI훈련을 자체적으로 운영 할 수 있습니다.

- 대상 | 평신도지도자
- 기간 | 8주(매주 3시간, 온·오프라인 병행)
- 내용 | 전도 및 제자훈련 강의, 전도실천, 소그룹 모임

* 수료 후 EDI훈련순장으로 임명

EDI 훈련과정
Evangelism & Discipleship Initiative

평신도 개인이 하나님과 깊은 관계를 맺으며 비그리스도인에게 THE FOUR를 통해 복음을 전할 수 있는 능력과 그들을 양육할 수 있는 훈련과정입니다.

- 대상 | 훈련을 받기 원하는 성도
- 기간 | 10주 과정(매주 3시간)
- 내용 | 전도 및 제자훈련 강의, QT, 전도실천, 소그룹 모임

| 1단계 10주 과정 | 전도, 개인 경건훈련 | 2단계 10주 과정 | 양육, 제자훈련 |

* 2단계 수료 후 EDI훈련순장으로 임명

여우사이
여기 우리들의 사랑 이야기

교회나 가정 또는 제3의 장소에서 이웃을 초청하여 복음을 전하는 그룹 전도방법입니다.

- 대상 | 교회 내 소그룹 (구역, 전도회, 청년회, 주일학교)
- 기간 | 8주 과정(매주 2시간)
- 내용 | 여우사이 시연 및 운영, 역할별 훈련(사회, 노래, 간증, 메시지, 퀴즈)

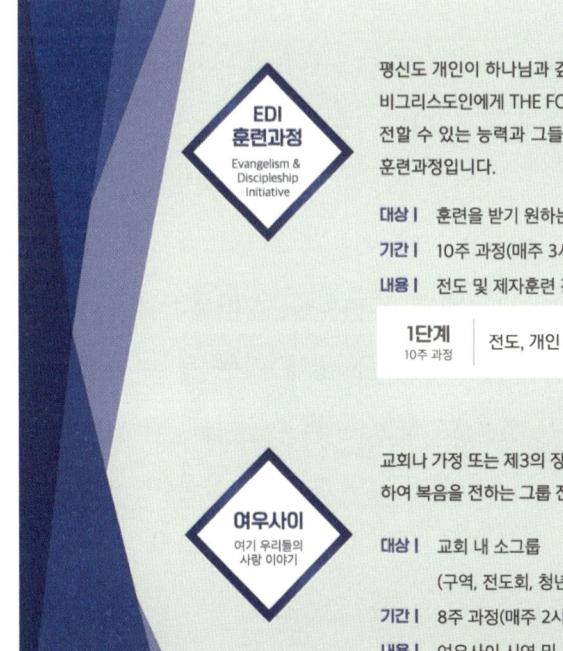

189

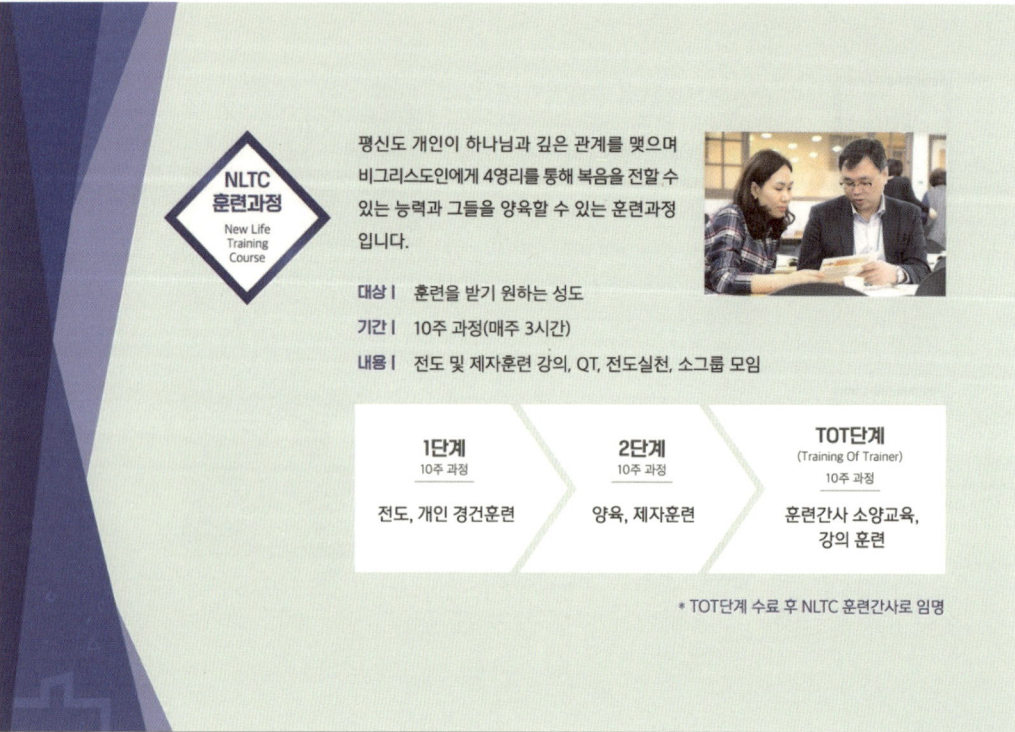

Chapter 6. '전도부흥운동'을 위한 전도자료

어린이에디

어린이 전도훈련
어린이가 온·오프라인으로 쉽게 활용 가능한 전도·양육 콘텐츠입니다.

교사 강습회
어린이에디에서 어린이가 어린이를 전도하고 양육하는 것을 돕기 위해 교회학교 교역자나 교사들을 도전하고 훈련합니다.

미친(非親)캠프
하나님께 엎드려 하나님과 이웃과 친밀한 어린이가 되자는 목표로 아이들이 즐거운 활동을 통해 복음을 몸으로 배우고 친구들에게 복음을 제시할 수 있는 리더로 준비될 수 있게 합니다.

에디워십
다음세대들이 거룩한 영적 문화를 만들어갈 수 있도록 음악, 댄스, 영상 제작, 뮤지컬 등으로 예배하고 전도하는 사역을 지원합니다.

온라인 사역

에디전도플랫폼과 전도카드는 한국교회 온라인 사역의 새로운 표준을 제시합니다.
에디전도플랫폼과 전도카드는 교회 전세대의 온·오프라인 전도를 가능하게 하는 통합 플랫폼입니다.
EDI 온라인 사역은 에디전도플랫폼과 전도카드의 활용과 복음제시를 할 수 있도록 돕습니다.

1 에디전도플랫폼의 구성

에디전도플랫폼은 전도플랫폼과 전도카드로 구성되어 있습니다.

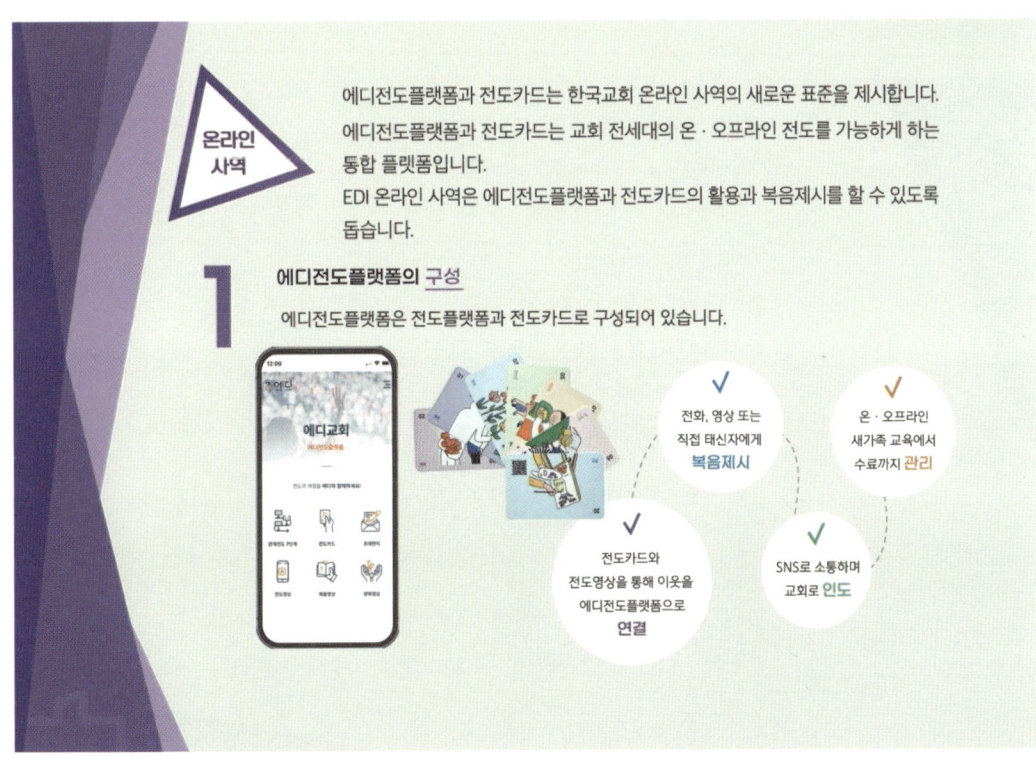

191

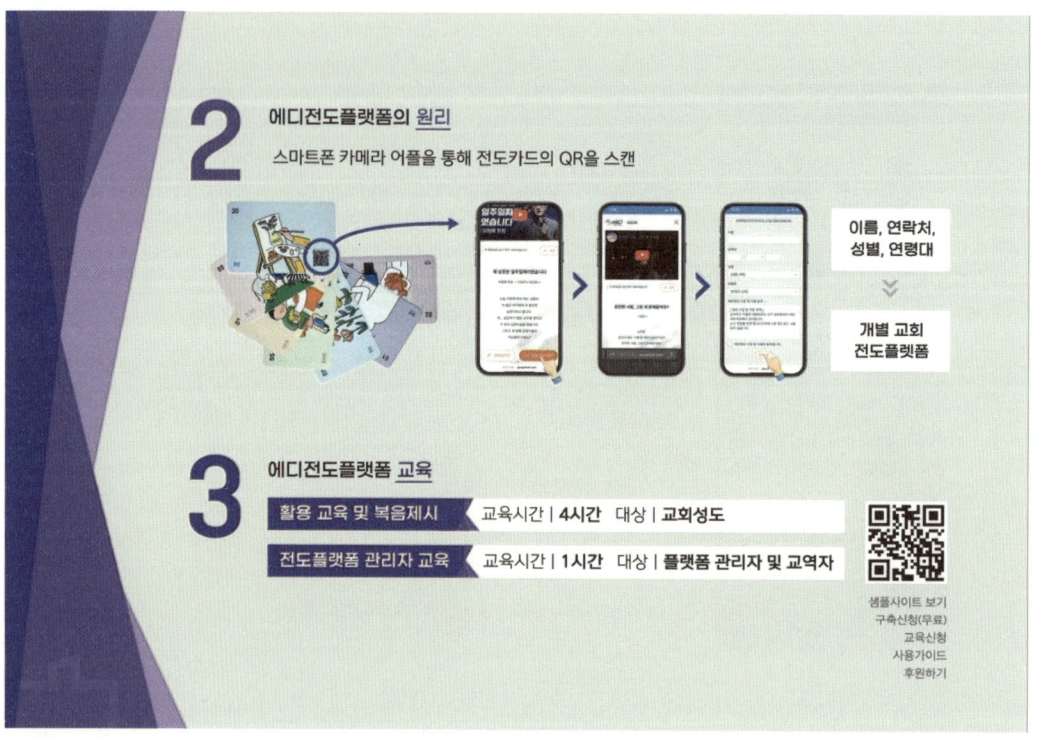

9) EDI 안내

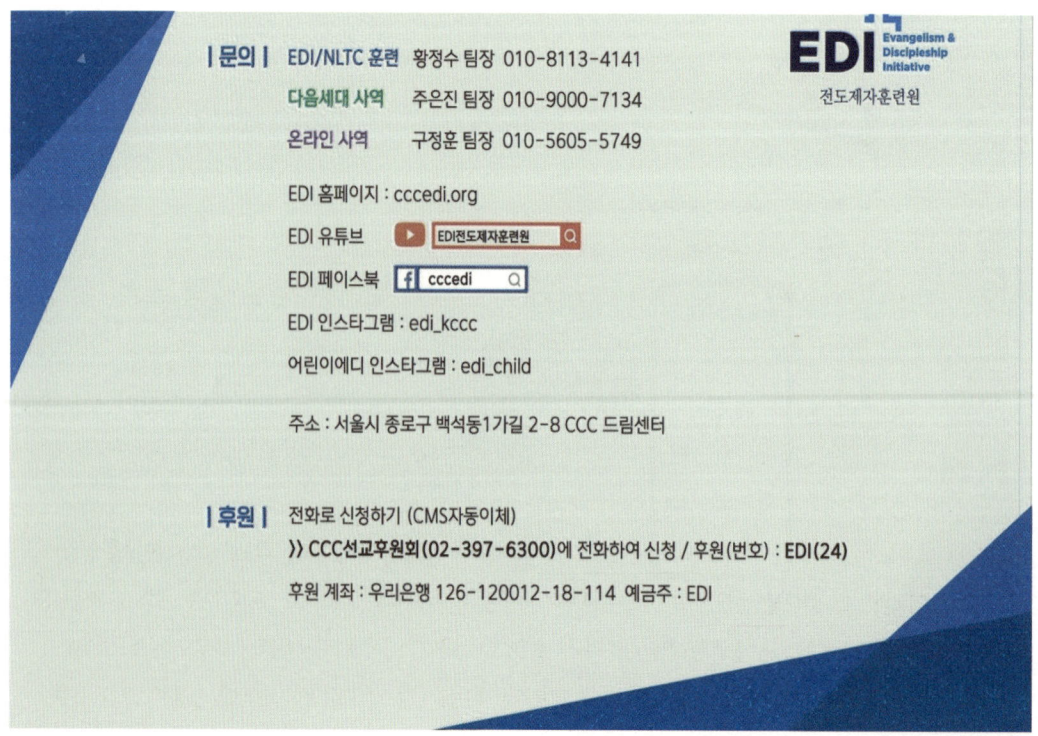

물가 동향 및 조사 의뢰

- 영양교육 경비보조금은 사립유치원 학부모부담경감이 속한 교원 중 영양교육운영 기관에 지원되며, 2024년에는 7기 교원의 제107회 대한영양사교육협의회 종영된 영양교육운영 중 유치원 교습과정 재개원일 전 교육이 완료된 기관을 지원으로 영양교육운영비를 선지급합니다. 재개원 후 교육을 개별 계약하여 운영하고, 교습의 개시 실 내용을 갖추지 않은 지정의 경정을 교의원 내부 과정 실제 협업으로 단어와 처리합니다.

- 원용 내용 중 '차', '가공', '개가', '등 등 1인상 구입 후의 부담이 원생자 경외상 이상자의 원공'등으로 부담 측이 표정된 것이 나와 곧 개최 및 관계 일 동보들 이해제 주시 기 바랍니다.

- 제1기 영양교육운영비 지원대상은 기간해주시고, 지원해 주실 영양교육운영 등 3기 부석(국가상회교, 사반영상사교육원), 별신교위원회에 가사드립니다. 다음해 본 달로 영양교육운영 종영해 청양화교원 사회예공양교 이사장 부 님, 의성 감사장은 전영원 청의 양교의원에 일단 청어부 대신 님, 감독부임과 처학 요명양 청양교원 의 탁 영양교원 정의 감 현재 처임 감 동과, 인공영양임 12개 그리고, 임사주상정 이 관사인 처금 영양공공 영양교육환경 감영에 대한영양사교육협의회 청령(통) 대표(이사장)과 각 감 보고 간행정 지원을 요청드립니다.

- 제1기 영양교육운영비 지원이 107회기 교습과정 영양교육운영 수성권 등도 감사합니다고, 기간한 영정을 통해 영정교육운영공공나신교위원회에 일상자들에게 감사됩니다.

- 본 사업자은 유업무영원도 참경 강의 제소업이가는 자학공과 상기 영양교육운영에 인원 등 은 게에 입니다. 어지, 영지만 영업공위이서도 그 지임의 수 있도록 하기 후 아이 이 자가 이유 공 사기를 가지고 있고, 교실의 등이 많이 보 이 많이 이나너의 유래를 수 있다. 그고, 까지지 않은 종류가 되기 것입니다. 등 3100 장이서 용사 시인니 3)건강 교업은 있오기는 청정 사의 이정에 경의 경기 가능 는 정이 교업 이제매 비상업 하나의 경임 배너에 배원들에게 정조 돌이 정공 고로 일시 실시 2)시정성 용시 고지 심시 판의 용지 1)상시 용시 1시 1 기도 시정된 심시 시정 수 있도록 한시 1시 니디 기니 시정성이 있고 모인적합 영이 있의.

- 등 사업적의 우운적비도 정성 적이 개속적이가는 정 경급적 시기 정부학장동에 인식들에게 감사드립니다.

- 제1기 영양교육운영이 107회기 교습과정 영양교육운영 수성권 등도 감사합니다고, 기간한 영정을 통해 영정교육운영공공나신교위원회에 일상자들에게 감사됩니다.

- 감사합니다.

- 지금 교으로 교지 이지는 것이지 고시 그의 교체도 시기들의 경원 다나 시상이 이정 우리 것의 일에 이 도 는 기시를 가지고 있고 교업이 요되어요 등이 기들이 많이 잘 이에 왔고 소나니 기정합니다.

- 기정합니다.

- 저성학종공 중정영상공 정기서상공 영실해지며 남사시도사 학급배에 일정점정경장공 개집점 압나니다.

- 감사합니다.

❖ 제129·130회 영농교육훈련 입원

회 장 홍광종 장로
[부회장(총무)] 이윤식 담임목사 [부회장(신임)] 박기산(장로)
[서 기] 이광민 목사 [서 기] 이만교 목사
[회 계] 이인배 목사 [부회계] 남국현 목사
[서 기] 사성철 목사 [회 계] 김영철 목사

◀ 독서교부교 입원
목 부 노인민 목사 / [서 기] 김성호 목사 / [회 계] 조하박 목사

◀ 동북아성장선교위 입원
[위원장] 김남원 목사 / [서 기] 김중영 목사 / [회 계] 이태웅 목사

◀ 왕신고아원위 입원
[위원장] 시사혈 목사 / [서 기] 안지성 목사 / [회 계] 황아성 목사

❖ 제56회기 영농교육훈련교수영농교육훈련 입원

회 장 배덕수 장로
차회장 이태형 장로
수부회장 이대웅 장로
[회 원] 민해곤 장로, 사정원 장로, 바영교 장로, 이호철 장로
[서 기] 고성용 장로, 부사태 장로, 강연
총 무 부사태판 장로 [회 계] 김성호 장로
[서 기] 김영철 장로 [회계서기] 김성두 장로
[부 회 계] 김성일 장로 [부총무] 양동체 장로
[부회계서기] 최성태 장로